Wolfgang Steveker

Das schnelle METHODEN 1x1 *Spanisch*

mit Arbeitsmaterialien

Der Autor des Bandes

Wolfgang Steveker unterrichtet Spanisch und Französisch am Carl-Fuhlrott-Gymnasium in Wuppertal. Er ist Fachleiter für Spanisch am Seminar für das Lehramt an Gymnasien und Gesamtschulen in Solingen und Fachberater bei der Bezirksregierung Düsseldorf.

Projektleitung: Dorothee Weylandt, Franziska Wittwer
Redaktion: Barbara Holzwarth, München
Umschlaggestaltung: Julia Walch, Bad Soden
Grafik: Steffen Jähde, Suderburg
Layout/technische Umsetzung: fotosatz griesheim GmbH

www.cornelsen.de

Die Links zu externen Webseiten Dritter, die in diesem Titel angegeben sind, wurden vor Drucklegung sorgfältig auf ihre Aktualität geprüft. Der Verlag übernimmt keine Gewähr für die Aktualität und den Inhalt dieser Seiten oder solcher, die mit ihnen verlinkt sind.

1. Auflage 2014

© 2014 Cornelsen Schulverlag GmbH, Berlin

Das Werk und seine Teile sind urheberrechtlich geschützt.
Jede Nutzung in anderen als den gesetzlich zugelassenen Fällen bedarf der vorherigen schriftlichen Einwilligung des Verlages.
Hinweis zu den §§ 46, 52a UrhG: Weder das Werk noch seine Teile dürfen ohne eine solche Einwilligung eingescannt und in ein Netzwerk eingestellt oder sonst öffentlich zugänglich gemacht werden.
Dies gilt auch für Intranets von Schulen und sonstigen Bildungseinrichtungen.

Druck: CPI – Clausen & Bosse, Leck

ISBN 978-3-589-16284-0

 Inhalt gedruckt auf säurefreiem Papier aus nachhaltiger Forstwirtschaft.

INHALTSVERZEICHNIS

VORWORT 5

KLASSENORGANISATION 6
- Rendezvous-System/*Cinco citas* 6

AUSSPRACHE UND INTONATION 9
- Echolesen/*Leer a coro* 9
- Schattenlesen/*Reproducción inmediata* 10

LESEN UND VERSTEHEN 11
- Lese-Aufschau-Technik/*Leer-mirar-hablar* 11
- Lesemosaik/*Lectura fragmentada* 13
- Lesen in drei Durchgängen/*Lectura en tres fases* 15
- Partnerlesen/*Lectura cooperativa* 17

SPRECHEN 19
- Ein-Minuten-Vortrag/*Charla de un minuto* 19
- Klausurbogentechnik/*Técnica del pliego doblado* 22
- Kommunikationskärtchen/*Fichas de comunicación* 24
- Kugellager/*Tiovivo* 28
- Omniumkontakt/*Mercado* 31
- Pro-Kontra-Diskussion/*Debate* 32

TEXTE ÜBERARBEITEN 36
- Korrekturlesen/*Corrección mutua de textos* 36
- Fließbandkorrektur/*Corrección en cadena* 38
- Redaktionskonferenz/*Redacción cooperativa* 41
- Rückwärtskorrektur/*Corrección a la inversa* 44

ERARBEITEN UND PRÄSENTIEREN 47

- Automatisches Schreiben/*Escritura automática* 47
- Blitzlicht/*Flash* 50
- Ideenstern/*Carrusel escrito* 52
- Murmelgespräch/*Colmena* 55
- Museumsgang/*Galería* 56
- Stationenlernen/*Aprendizaje en etapas* 60
- Stummes Schreibgespräch/*Discusión silenciosa* 65

ÜBEN 68

- Förderbögen/*Autoevaluación* 68
- Kurzumfrage/*Mini encuesta* 71
- Mündliches Strukturtraining/*Ejercicios estructurales orales* 73
- Tandembögen/*Hojas tándem* 75

INDEX 79

Für den Fremdsprachenunterricht steht mittlerweile ein großer Methodenpool zur Verfügung. Daher setzt die Auswahl, die für diesen Band getroffen wurde, notwendigerweise Schwerpunkte.

Die vorgestellten Methoden haben sich bei funktionalem Einsatz als **besonders effektiv** erwiesen, wurden immer wieder im Unterricht eingesetzt, auf ihren Nutzen hin überprüft und zum Teil mehrfach „justiert". An vielen Stellen finden Sie daher **Tipps aus der Praxis sowie erprobtes Material zur Ausgestaltung**.

Viele der ausgewählten Methoden haben zudem **eine besondere Funktion für das Fach *Spanisch*.** So werden Sie z. B. keine Verfahren zur Schulung der Rechtschreibung finden (da es im Spanischen eine relativ eindeutige Zuordnung von Lauten zu Schriftzeichen gibt), dafür aber viele Anregungen und Beispiele, die sich an Schülerinnen und Schüler mit strategischen Vorerfahrungen richten, also das Potenzial des Spanischen als (zumeist) drittgelernte Fremdsprache aufgreifen und nutzbar machen.

Darüber hinaus verfolgt dieser Band das Ziel, einigen der Methoden **einen einheitlichen spanischen Namen** für den Gebrauch der Zielsprache im Klassenraum *(el español para el aula)* zu geben. Wie z. B. würden Sie den Schülerinnen und Schülern auf Spanisch mitteilen, dass sie sich im „Kugellager" oder in Vierergruppen zur „Fließbandkorrektur" zusammenfinden mögen?

Diese Zusammenstellung vielfältiger Methoden möchte einen Beitrag zu einem nachhaltigen, schüleraktivierenden und abwechslungsreichen Spanischunterricht leisten.

Wuppertal, im November 2013
Wolfgang Steveker

→ **Rendezvous-System/*Cinco citas***

Ziel der Methode
Die Methode ermöglicht es, Partnerarbeitsphasen schnell und mit stets wechselnden Partnern zu organisieren.

Einsatzmöglichkeiten
Die Methode eignet sich
- für jede Partnerarbeitsphase in allen Klassen- und Kursstufen,
- zur Stärkung des Zusammenhalts der Lerngruppe.

Vorbereitung
Die Lehrkraft muss zu Beginn eines Schul(halb)jahres etwa 15 Minuten an Unterrichtszeit für die Einrichtung der Paare investieren, eine Übersicht erstellen und im Klassensatz kopieren.

Sozialform	*Stufe*
Partnerarbeit	Sek. I und Sek. II

Beschreibung
Über das „Rendezvous-System" (auch „Uhrzeitpartner-Methode" genannt) werden allen Schülerinnen und Schülern einer Lerngruppe fünf feste Partner zugewiesen, mit denen sie über einen längeren Zeitraum in Partnerarbeitsphasen wechselnd zusammenarbeiten. Es ist somit ein grundlegendes Verfahren für alle Partnerarbeitsmethoden, die in diesem Band vorgestellt werden.

Zur Festlegung der Paare verabreden sich die Schülerinnen und Schüler am Anfang des Schuljahres virtuell mit fünf verschiedenen Mitschülern aus der Lerngruppe zu unterschiedlichen Uhrzeiten (z. B. um 9, 11, 13, 15 und 17 Uhr) und halten diese Termine auf einem Terminzettel schriftlich fest (s. Kopiervorlage). Dabei ist es wichtig, dass alle Vereinbarungen wechselseitig getroffen werden, d. h., wenn sich Schüler A um 9 Uhr mit Schülerin B verabredet, muss Schülerin B um 9 Uhr auch mit Schüler A verabredet sein. Diese *citas* gelten für einen längeren Zeitraum (z. B. ein Halbjahr oder ein ganzes Schuljahr).

Danach kleben die Schülerinnen und Schüler ihre Terminzettel entweder in ihr Heft ein, oder aber die Lehrkraft sammelt alle Zettel ein und erstellt daraus eine Übersicht in Tabellenform, die – hier aus Platzgründen auf sechs Lerner reduziert – etwa wie folgt aussehen kann:

	a las nueve	a las once	a la una	a las tres	a las cinco
1. Ben	Piet	Claudia	Max	Lena	Fenna
2. Claudia	Fenna	Ben	Piet	Max	Lena
3. Fenna	Claudia	Max	Lena	Piet	Ben
4. Lena	Max	Piet	Fenna	Ben	Claudia
5. Max	Lena	Fenna	Ben	Claudia	Piet
6. Piet	Ben	Lena	Claudia	Fenna	Max

KLASSENORGANISATION

Der Vorteil einer solchen Übersicht besteht darin, dass bei ihrer Erstellung Terminkollisionen sofort auffallen – nämlich immer dann, wenn ein Kästchen doppelt belegt ist – und leicht korrigiert werden können. Die Übersicht kleben die Schülerinnen und Schüler in Kopie in ihr Heft ein und sie wird zudem im Klassen- oder Kursraum ausgehängt.

Zu Beginn einer jeden Partnerarbeitsphase kann die Lehrkraft nun über die Angabe des Termins die Paarbildung vorgeben: *Ahora vais a trabajar en pareja con vuestra cita de las 11 horas.* So kann schnell und ohne organisatorischen Aufwand erreicht werden, dass Partnerarbeit immer mit wechselnden Partnern stattfindet.

Tipps
- In der Regel finden sich für die früheste Verabredung Paare, die sich sehr sympathisch sind (oft Sitznachbarn). Daher kann dieser Termin gut für vertraulichere Inhalte – etwa das gegenseitige Vorlesen von Tagebucheinträgen o. Ä. – genutzt werden. Er löst nach aller Erfahrung auch die geringste Bewegung im Klassenraum aus.
- Es ist möglich, an die Terminvergabe weitere Bedingungen zu knüpfen, z. B. dass unter den fünf Uhrzeitpartnern mindestens zwei anderen Geschlechts oder (bei zusammengesetzten Spanischgruppen im Wahlpflichtbereich) zwei aus einer anderen Klasse sein müssen.
- Oft wird nach einigen Wochen deutlich, welche Uhrzeiten günstige Konstellationen z. B. für ruhiges Arbeiten, eine gute Jungen-Mädchen-Mischung, viel Bewegung o. Ä. ergeben.
- Ist die Schülerzahl ungerade, so bleibt je ein Schüler zu jeder Uhrzeit frei. Sie sind zu der jeweiligen Uhrzeit „Springer", d. h., sie nehmen ggf. Verabredungen erkrankter Mitschüler wahr.

Material/Kopiervorlage
Terminzettel zur Einrichtung der fünf Verabredungen

Mis cinco citas   *Mi nombre:* ....

Apunta tus cinco citas en esta lista.

A las **9 de la mañana** quedo con   ....

A las **11 de la mañana** quedo con   ....

A la **1** quedo con   ....

A las **3 de la tarde** quedo con   ....

A las **5 de la tarde** quedo con   ....

Webcode: MS162840-001

→ Echolesen/*Leer a coro*

Ziel der Methode
Ziel ist die Schulung der Aussprache und der Intonation.

Einsatzmöglichkeiten
Die Methode eignet sich
- zur phonetischen Grundsicherung (erstes Lernjahr),
- als Aufwärmübung zu Beginn einer Stunde vor der Weiterarbeit mit dem Text.

Vorbereitung
- Die Lehrkraft benötigt eine Hörversion des Lesetextes und ein Abspielgerät.
- Der Lesetext muss bekannt sein.

Sozialform
Simultanarbeit

Stufe
Sek. I

Beschreibung
Beim „Echolesen" (auch „Chorlesen" oder „Power-Lesen" genannt) stoppt die Lehrkraft die CD nach jedem Sinnabschnitt oder Satz. Die Schülerinnen und Schüler wiederholen den gehörten Teil im Chor, wobei sie die Aussprache, Intonation und Geschwindigkeit des Sprechers nachahmen. Bei Bedarf können schwierig auszusprechende Satzfragmente oder einzelne Wörter nochmals von der Lehrkraft vorgesprochen und von der Lerngruppe wiederholt werden.

Tipps
- Um der Gefahr der Verschleppung zu begegnen, sollte die Lehrkraft die CD weiter abspielen, bevor die Schülerinnen und Schüler den vorausgehenden Satz ganz beendet haben. So entsteht im Idealfall ein dynamischer Wechsel aus Vor- und Nachsprechen.
- Liegt zu einem Text keine Audioversion vor, kann die Lehrkraft die Rolle des Sprechers selbst übernehmen.

→ Schattenlesen/*Reproducción inmediata*

Ziel der Methode
Ziel der Methode ist die Schulung der Aussprache und der Intonation durch direkte Imitation.

Einsatzmöglichkeiten
Die Methode eignet sich:
- zur phonetischen Grundsicherung (erstes Lernjahr),
- als Aufwärmübung zu Beginn einer Unterrichtsstunde vor der Weiterarbeit (z. B. mit dem Ziel der Reaktivierung von Wortschatz und Inhalt eines Lehrbuchtextes),
- als erste Leseübung zu einem Lektionstext.

Vorbereitung
- Die Lehrkraft benötigt eine Hörversion des Lesetextes und ein Abspielgerät.
- Der Lesetext muss bekannt sein.

Sozialform
Simultanarbeit

Stufe
Sek. I

Beschreibung
Beim „Schattenlesen" wird die Audioversion eines Lektionstextes laut und ohne Unterbrechung abgespielt. Die Schülerinnen und Schüler lesen bei geöffneten Büchern um Sekundenbruchteile versetzt halblaut mit. Sie folgen so der Geschwindigkeit des Sprechers und imitieren unmittelbar Aussprache und Intonation. Sie dürfen dabei nicht vorauslesen oder früher beginnen als der Sprecher, sondern setzen immer unmittelbar nach ihm ein.

Tipps Diese Methode kann auch als Lesetraining zu Hause eingesetzt werden, sofern die Schülerinnen und Schüler über die Hörversion der Lektionstexte verfügen.

Variante **Lesegemurmel/*Lectura simultánea*:** Beim „Lesegemurmel" lesen alle Schülerinnen und Schüler zugleich einen bekannten Text murmelnd vor sich hin, jeder in seinem eigenen Tempo.

→ **Lese-Aufschau-Technik / *Leer-mirar-hablar***

Ziel der Methode
Ziele der Methode sind das aktive, sinngebende Lesen und das sinnstiftende Vortragen.

Einsatzmöglichkeiten
Die Methode eignet sich
- für überwiegend dialogische Lektionstexte,
- zum Auswendiglernen von Dialogen,
- als Zwischenschritt vom Lesen zum Sprechen.

Vorbereitung
Der Lesetext muss bekannt sein.

Sozialform	Stufe
Partnerarbeit	Sek. I

Beschreibung
Die „Lese-Aufschau-Technik" (auch „Aufschauendes Lesen" oder „Read-and-look-up-Technik" genannt) enthält ein wichtiges kommunikatives Element, den Blickkontakt.

Jeweils zwei Schüler sitzen sich bei geöffneten Büchern direkt gegenüber. Schüler A liest nun leise den ersten Satz oder Dialogteil, vollzieht den Inhalt nach, prägt ihn sich ein, sucht dann den Blickkontakt zu seinem Partner und trägt ihm den Satz ohne Blick ins Buch sinnstiftend vor. Danach ist Schüler B an der Reihe, der ebenso vorgeht.

Diese Methode wirkt dem monotonen Wort-für-Wort-Lesen entgegen, bei dem das Gelesene oft unverstanden bleibt. Hier dagegen müssen sich die Schülerinnen und Schüler intensiv auf den Sinn des Gelesenen konzentrieren.

Tipps
- Die Texte müssen bekannt sein, um grobe Lese- und Verstehensfehler zu vermeiden.
- Die Methode kann auch bei Dialogen mit drei oder vier Sprechern angewandt werden, dann als Gruppenarbeit. Die Gruppenmitglieder bilden einen Stuhlkreis und legen sich den Lesetext auf die Knie. Jeder übernimmt eine Sprecherrolle, die er dann im Lese-Aufschau-Verfahren vorträgt.

Material/Kopiervorlage
Folienvorlage zur Einführung der Methode

El método L-M-H: Leer – mirar – hablar

Vais a leer el texto en pareja (A y B).

Primer paso: A lee la primera frase en voz baja e intenta memorizarla. Puede repetirla tantas veces como sea necesario.

Segundo paso: Después A mira a B y se la dice de memoria.

Tercer paso: Ahora B lee la próxima frase, la memoriza, mira a A y se la dice de memoria.

Y así hasta el final del texto.

Webcode: MS162840-002

→ Lesemosaik / *Lectura fragmentada*

Ziel der Methode
Ziel der Methode ist die Schulung des aktiven, sinngebenden Lesens.

Einsatzmöglichkeiten
Die Methode eignet sich für alle kürzeren Lektions- und Lesetexte.

Vorbereitung
- Der Lesetext muss bekannt sein.
- Die Lehrkraft muss den Text auf eine OHP-Folie kopieren.

Sozialform   *Stufe*
Simultanarbeit oder Partnerarbeit   Sek. I

Beschreibung
Ein „Lesemosaik" erstellt die Lehrkraft, indem sie einen bereits bekannten Lesetext auf eine OHP-Folie zieht und durch Papierstreifen Satzfragmente verdeckt. Die so entstehenden Leerstellen füllen die Schülerinnen und Schüler aus ihrer Erinnerung heraus, dabei müssen sie den Sinnzusammenhang und syntaktische Muster beachten. Das Lesen der Textvorlage erfordert auf diese Weise nicht nur die lautlich korrekte Wiedergabe der Schriftzeichen, sondern ist ein aktiver, sinngebender Prozess.

Die Übung führen alle Schülerinnen und Schüler gleichzeitig durch, indem sie halblaut vor sich hinsprechen. Eine Variante besteht darin, das „Lesemosaik" einem Partner vorzutragen.

Tipps Wenn der Text der Lehrkraft elektronisch vorliegt, können die Lücken auch mit einem Textverarbeitungsprogramm erstellt werden. Dies erspart die Kleinarbeit beim Abdecken durch Papierstreifen.

Variante **Cloze-Technik / *Técnica de cloze*:** Die Lehrkraft löscht systematisch Wörter in einem bereits bekannten Text, z. B. jedes vierte, fünfte oder sechste Wort. Die Schülerinnen und Schüler füllen diese Lücken beim Lesen anhand des Kontextes und ergänzen somit die fehlenden Informationen.

Auswischtechnik/*Borrador:* Diese Variante dient dem Auswendiglernen kurzer Texte oder Dialoge und führt vom Lesen zum Sprechen. Es steht zunächst der vollständige Lesetext an der Tafel oder wird per OHP an die Wand geworfen. Alle Schülerinnen und Schüler lesen ihn zugleich halblaut vor sich hin (oder lesen ihn sich in Partnerarbeit vor), dann wischt die Lehrkraft Buchstaben, Wortteile oder ganze Wörter aus bzw. macht sie auf der Folie unkenntlich. Danach lesen wieder alle Schülerinnen und Schüler, woraufhin weitere Teile unkenntlich gemacht werden. Diese Abfolge wird fortgeführt, bis nahezu der ganze Text ausgewischt ist. (Satzzeichen und strukturgebende Elemente wie Anfangsbuchstaben, Bindestriche, Spiegelstriche o. Ä. bleiben sichtbar.) Bei dialogischen Texten (mit zwei Rollen) wird die Übung in Partnerarbeit durchgeführt, jeder Partner übernimmt eine Sprecherrolle. Das ideale Medium für die „Auswischtechnik" ist die Tafel. Bei umfangreicheren Texten oder Dialogen ist es aber ggf. zeitaufwendig, diese im Vorfeld an die Tafel zu schreiben. In diesem Falle empfiehlt es sich, den Text auf eine OHP-Folie zu kopieren oder zu drucken; dabei sollten ein zweifacher Zeilenabstand und mindestens Schriftgröße 16 gewählt werden. Über diese Folie wird auf dem OHP eine Leerfolie gelegt und mit einem Streifen Tesafilm fixiert. Das „Auswischen" wird dann durch das Auftragen von Balken mit einem dicken schwarzen Folienstift auf der Leerfolie bewerkstelligt. Versehentlich gesetzte oder zu lange Balken kann man mit einem feuchten Ohrstäbchen „ausradieren".

→ Lesen in drei Durchgängen/*Lectura en tres fases*

Ziel der Methode
Ziel ist die Verbesserung des Textverständnisses und des individuellen Leseerfolges.

Einsatzmöglichkeiten
Die Methode eignet sich zur Erschließung von Fließtexten jeglicher Art.

Vorbereitung
- Die Schülerinnen und Schüler benötigen Textmarker in drei Farben (grün, gelb, orange).
- Die Lehrkraft muss im Vorfeld den zu lesenden Text im Klassen- bzw. Kurssatz kopieren.

Sozialform   *Stufe*
Einzelarbeit   Sek. I und Sek. II

Beschreibung
Beim „Lesen in drei Durchgängen" lesen die Schülerinnen und Schüler die Textvorlage dreimal nacheinander, und zwar jeweils mit einem andersfarbigen Stift in der Hand, möglichst einem Textmarker.

Beim ersten Durchgang markieren die Schülerinnen und Schüler in einer Farbe (Vorschlag: grün) alle Passagen, die sie verstehen oder zu verstehen glauben. Dabei kennzeichnen sie auch solche Passagen als verstanden, deren Sinn sich ihnen insgesamt erschließt, obwohl einzelne Wörter ggf. unklar bleiben.
Danach folgt der zweite Lesedurchgang, im Rahmen dessen die Schülerinnen und Schüler versuchen, das Umfeld dieser „Verstehensinseln" zu entschlüsseln (Kontexterschließung). Gelingt dies, werden die Erfolge mit einer zweiten Farbe markiert, z. B. gelb.

Erst im dritten Lesedurchgang nehmen die Schülerinnen und Schüler ein spanisch-deutsches Wörterbuch zu Hilfe, um die noch unmarkierten Passagen zu entschlüsseln. Die im Wörterbuch nachgeschlagenen Begriffe notieren sie direkt über oder neben dem spanischen Wort bzw. Ausdruck. Sobald durch Nachschlagen eines Begriffs ein Teilsatz oder ein ganzer Satz verstanden werden, wird der Leseerfolg – auch wenn noch unerschlossene Wörter verbleiben – mit einer dritten Farbe gekennzeichnet (z. B. orange).

Das Ergebnis ist eine Textvorlage, die schon visuell ein großes Erfolgserlebnis vermittelt, da die bunt markierten – also verstandenen – Passagen in der Regel deutlich überwiegen (bzw. oft sogar nahezu den ganzen Text umfassen).

Tipps Die Methode ist insbesondere für die Arbeit in der Sek. II von Vorteil, da sie eine breite Verstehensbasis für die oberstufengemäße Weiterarbeit mit dem Text (z. B. Aufgaben zu *resumen, análisis, comentario* oder kreative Aufgaben) schafft.

Material/Kopiervorlage
Folienvorlage zur Einführung der Methode

Leer en tres fases

Primer paso: Lee el texto y marca todas las partes que entiendes o crees entender espontáneamente.
⇨ Utiliza un rotulador verde.

Segundo paso: Lee el texto otra vez. Intenta comprender las frases alrededor de lo marcado. En cuanto consigas entender más palabras o frases, márcalas.
⇨ Utiliza un rotulador amarillo.

Tercer paso: Ahora utiliza el diccionario bilingüe para descifrar las frases que siguen sin marcar. En cuanto consigas comprender una más, márcala.
⇨ Utiliza un rotulador naranja.

Webcode: MS162840-003

© 2014 Cornelsen Schulverlage GmbH. Berlin. Alle Rechte vorbehalten.

→ Partnerlesen/*Lectura cooperativa*

Ziel der Methode
Ziel der Methode ist eine Verbesserung und Vertiefung des Textverständnisses.

Einsatzmöglichkeiten
Die Methode eignet sich zur Erschließung authentischer Texte.

Vorbereitung
keine

Sozialform
Partnerarbeit

Stufe
Sek. I und Sek. II

Beschreibung
Beim „Partnerlesen" (auch als „Skriptkooperation" bekannt) erschließen die Schülerinnen und Schüler zu zweit einen Text, den sie zuvor gemeinsam in Abschnitte eingeteilt haben. Beide lesen den ersten Abschnitt, anschließend erläutert Partner A seinem Gegenüber (i. d. R. auf Deutsch) den Inhalt. Partner B hört aktiv zu, stellt Rückfragen, macht auf Fehler aufmerksam, achtet auf Vollständigkeit etc. Wenn sich beide sicher sind, dass sie den Abschnitt – soweit es ihnen möglich ist – verstanden haben, wird mit vertauschten Rollen (B erläutert, A stellt Fragen) der nächste Abschnitt erarbeitet. Dieses Vorgehen wird fortgesetzt, bis der gesamte Text erschlossen ist.

Tipps
- Gerade schwächere Schülerinnen und Schüler verstehen einen in „Skriptkooperation" gelesenen Text deutlich besser als nach eigenständiger Lektüre. Daher ist diese Methode insbesondere für das Lesen komplexer Texte in der Sek. II, wo eine möglichst breite Verstehensbasis für die Weiterarbeit mit dem Text unabdingbar ist, geeignet.
- Es ist sinnvoll, allen Paaren während der Lektüre ein zweisprachiges Wörterbuch zur Verfügung zu stellen. Nicht zu entschlüsselnde Stellen können so gemeinsam (durch Nachschlagen) bewältigt werden.

Material/Kopiervorlage
Folienvorlage zur Einführung der Methode

La lectura cooperativa

Vais a leer el texto en pareja (A y B).

Primer paso: A y B dividen juntos el texto en párrafos.

Segundo paso: Los dos leen el primer párrafo. A le explica a B el contenido. B puede hacer preguntas, completar la información, corregir errores de comprensión etc. Cuando los dos están seguros de haber comprendido el primer párrafo, pasan al segundo párrafo …

Tercer paso: … y cambian de papel. Ahora es B quien le explica a A el contenido, mientras que A hace preguntas, completa la información, corrige errores de comprensión etc. Cuando los dos están seguros de haber comprendido el segundo párrafo, pasan al tercer párrafo …

¡Y así hasta el final del texto!

Webcode: MS162840-004

→ Ein-Minuten-Vortrag/*Charla de un minuto*

Ziel der Methode
Ziel der Methode ist das Training des zusammenhängenden Sprechens und der Präsentationskompetenz.

Einsatzmöglichkeiten
Die Methode eignet sich
- zur Ergebnissicherung/Bündelung nach Erarbeitung eines Themas oder eines inhaltlichen Aspektes,
- zur Reaktivierung von Vorwissen,
- zur Vorbereitung auf mündliche Prüfungen.

Vorbereitung
Die Lehrkraft muss im Vorfeld
- ggf. Redemittel bereitstellen,
- ggf. ein Lektionsthema (Sek. I) oder einen inhaltlichen Schwerpunkt (Sek. II) in Teilthemen für die Kurzvorträge untergliedern.

Sozialform
Einzelarbeit

Stufe
Sek. I und Sek. II

Beschreibung
Der „Ein-Minuten-Vortrag" ist ein klar strukturierter Kurzvortrag, in dem ein Thema oder ein Teilaspekt eines Themas knapp und präzise vorgestellt wird. Er hat folgenden Aufbau:
- *Einleitung:* Nennung und knappe Vorstellung des Themas,
- *Hauptteil:* Entfaltung von Aspekten des Themas (Vor- und Nachteile, Pro- und Kontra-Argumente o. Ä.),
- *Schluss:* Wiederaufgreifen der wichtigsten Elemente und knappes persönliches Fazit.

Der Vortrag sollte auf der Grundlage weniger Notizen möglichst frei erfolgen. Zur Einführung der Methode, insbesondere in der Sek. I, ist die Ausgabe einer Schablone mit Redemitteln und Strukturvorgaben (s. Kopiervorlage) hilfreich, später kann er durch eine Karteikarte, die die Schülerinnen und Schüler selbst anlegen, gestützt werden.

Tipps
- Die Reduktion eines ausformulierten Vortrags auf Stichworte kann über die „Klausurbogentechnik" (S. 22) erfolgen.
- Das Einüben sollte in einem Schutzraum – d. h. ohne direkte Überwachung durch der Lehrkraft – erfolgen, z. B. zu Hause vor dem Spiegel, im „Kugellager" (S. 28), im „Omniumkontakt" (S. 31).
- Je weniger Stichworte auf der Schablone oder der Karteikarte erlaubt sind, desto stärker ist die Hinführung zum freien Sprechen.

Variante *Charla de dos/tres/cuatro minutos:* Selbstverständlich kann die Dauer des Vortrags variiert werden. Längere Vorträge sind eine gute Vorbereitung auf den monologischen Teil einer Kommunikationsprüfung sowie auf das mündliche Abitur.

Material/Kopiervorlage
Folienvorlage zur Einführung der Methode

Preparar una charla de un minuto

Primer paso: Apunta tus ideas y ordénalas. Tu charla debería seguir la estructura siguiente:
- la introducción
- la parte principal en la que enfocas los diferentes aspectos del tema
- la conclusión en la que resumes lo esencial y comentas lo que te llama la atención/te afecta.

Segundo paso: Apunta las palabras claves de tu charla en una ficha. Puedes añadir símbolos, flechas, etc.

Tercer paso: Practica tu charla con ayuda de la ficha.

Webcode: MS162840-005

Strukturschablone für den „Ein-Minuten-Vortrag"

El tema de mi charla es … • Voy a enfocar[1] los aspectos siguientes: … • • •	**la introducción** Aquí presentas y enfocas[1] claramente tanto el tema como la estructura.
• • • • • • • • • • • • • • •	**la parte principal** Aquí tomas *apuntes* sobre los aspectos que te parecen interesantes. *Cómo añadir nuevos aspectos:* Otro aspecto importante es … Además quisiera mencionar … Hay que añadir … Es importante saber que … No se debe olvidar que …
Lo que me llama (más) la atención es … • • •	**el enfoque especial** Aquí comentas el aspecto que te llama más la atención.
Para concluir quisiera subrayar … • • •	**la conclusión** Aquí indicas el final próximo de la charla y pones de relieve[2] lo esencial.

[1] **enfocar:** betrachten, beleuchten   [2] **poner de relieve:** hervorheben

Webcode: MS162840-006

→ Klausurbogentechnik / *Técnica del pliego doblado*

Ziel der Methode
Ziel der Methode ist die Hinführung zum freien zusammenhängenden Sprechen.

Einsatzmöglichkeiten
Die Methode schult
- das Reduzieren längerer ausformulierter Texte auf Schlüsselwörter/ Kernaussagen,
- die Erstellung von Stichwortzetteln,
- den freien Vortrag.

Vorbereitung
keine

Sozialform
Einzelarbeit und Partnerarbeit

Stufe
Sek. I und Sek. II

Beschreibung
Mittels der „Klausurbogentechnik (auch „Kniff mit dem Knick" genannt) verwandeln die Schülerinnen und Schüler einen selbst verfassten Text in einen mündlichen Vortrag. Dazu falten sie ein Blatt Papier längs in der Mitte, ganz so, als würden sie auf einem Klausurbogen einen breiten Korrekturrand abknicken, und formulieren in der linken Spalte ihren Text zunächst schriftlich aus. Dieser Text wird durchgesehen und korrigiert (vgl. dazu die Verfahren im Kapitel „Texte überarbeiten").

Danach reduzieren die Schülerinnen und Schüler ihren Text auf möglichst wenige Stichworte, die sie in der bisher unbeschriebenen rechten Spalte notieren. Hier können sie Schlüsselbegriffe, Kernaussagen, Gliederungssignale und -symbole, Anfangs-, Überleitungs- und Schlussformeln oder andere Redemittel, die sie während ihres Vortrags verwenden wollen, auflisten.

Die Loslösung vom ausformulierten Text erfolgt dann in mehreren Etappen: Zunächst lesen sich die Schülerinnen und Schüler in Partnerarbeit ihre ausformulierten Texte vor, danach falten sie die linke Hälfte nach hinten und versuchen, ihren Beitrag anhand der Stichworte aus der rechten Spalte vorzutragen. Es ist aber durchaus erlaubt, den Bogen herumzudrehen und sich im Fließtext zu vergewissern. Dies kann mehrfach nacheinander mit wechselnden Partnern erprobt werden, bis der Vortrag „sitzt".

Im letzten Schritt wagen die Lernenden das gänzlich freie Sprechen (je nach individuellem Bedarf mit oder ohne Hilfe der Stichworte).

Tipps Bis zum letzten Schritt, dem (möglichst) freien Vortrag, ist ein mehrfacher Partnerwechsel notwendig. Dies ist einfach organisierbar, wenn die „Klausurbogentechnik" mit dem „Kugellager" (S. 28) oder dem „Omniumkontakt" (S. 31) verknüpft wird.

Variante **Stichwortzettel/*Chuleta*:** Die Reduktion auf Schlüsselbegriffe kann auch über die Anlage von Stichwortzetteln (z. B. auf einer Karteikarte) erfolgen. Allerdings entfällt dann die Sicherheit gebende Möglichkeit, sich nochmals im Fließtext vergewissern zu können.

Material/Kopiervorlage
Folienvorlage zur Einführung der Methode

La técnica del pliego doblado

Primer paso: Dobla una hoja de papel por la mitad. Luego redacta el texto completo en la parte izquierda.

Segundo paso: Reduce el texto a palabras clave. Apunta estas palabras en la parte derecha. Puedes añadir símbolos, dibujos, flechas etc.

Tercer paso: Practica la charla varias veces. Primero lee el texto de la hoja, luego intenta hacer la charla basándote en las palabras clave de la parte derecha.

Webcode: MS162840-007

SPRECHEN

→ **Kommunikationskärtchen/***Fichas de comunicación*

Ziel der Methode
Ziele der Methode sind
- die Automatisierung einfacher Sprechakte,
- die Hinführung zum mitteilungsbezogenen Sprechen,
- die Umwälzung bekannten Vokabulars,
- die Wiederholung und Anwendung bereits bekannter grammatischer Strukturen.

Einsatzmöglichkeiten
Die Methode eignet sich während der gesamten Spracherwerbsphase (insbesondere im ersten und zweiten Lernjahr) als
- Aufwärm- und Wiederholungsübung,
- ritualisierter Stundenbeginn.

Vorbereitung
Die Lehrkraft muss regelmäßig Kommunikationskärtchen zu den kommunikativen Zielen des Lehrwerks anlegen.

Sozialform	Stufe
Partnerarbeit/Simultanarbeit	Sek. I

Beschreibung
Über den Einsatz von „Kommunikationskärtchen" können kommunikative Grundsituationen, wie sie typisch sind für die Spracherwerbsphase, nachhaltig eingeübt werden: sich vorstellen, telefonieren, sich verabreden, von Erlebnissen berichten, über Pläne und Vorhaben sprechen etc. Ziel und Zweck der Kärtchen ist es, ein Drei-Minuten-Gespräch zwischen zwei Partnern in Gang zu setzen. Auf jedem Kärtchen sind dazu ein Gesprächsimpuls sowie kurz gefasste Hilfen, z. B. Redemittel, Bilder oder mögliche inhaltliche Aspekte (in Stichworten), verzeichnet.

Der Umgang mit solchen Kärtchen verlangt ein relativ freies, mitteilungsbezogenes Sprechen, wobei das Gespräch sich selbstverständlich in Bereichen bewegen muss, die zuvor eingeübt wurden. Die Lehrkraft greift nicht korrigierend oder steuernd ein.

Sofern die Lehrkraft zu allen im Unterricht thematisierten Kommunikationssituationen nach und nach *fichas* anlegt, entsteht im Laufe der Spracherwerbsphase ein großer Fundus an Gesprächskärtchen, mit denen kommunikative Grundsituationen und die zu ihrer Bewältigung benötigten sprachlichen Mittel nachhaltig eingeübt werden können.

Tipps
- „Kommunikationskärtchen" können zu einer ritualisierten Übungsform des Unterrichts gemacht werden, indem die Schülerinnen und Schüler z. B. zu Beginn jeder Stunde von einem Stapel ein Kärtchen ziehen und simultan ca. drei Minuten in Partnerarbeit sprechen. (Die Lehrkraft kann in dieser Zeit z. B. die Anwesenheit überprüfen und den Klassenbucheintrag vornehmen.)
- Es lohnt sich bei regelmäßigem Gebrauch, die Kärtchen zu laminieren.

Variante **Drei-Minuten-Gespräch/*Conversación libre:*** Das Thema der Drei-Minuten-Gesprächsphase wird an die Tafel geschrieben (z. B. *mi fin de semana, mis aficiones, mi familia, mis planes para la semana que viene*) und alle Schülerinnen und Schüler tauschen sich simultan in Partnerarbeit dazu aus.

Grammatische Übungskärtchen/*Fichas gramaticales:* Der Fundus der „Kommunikationskärtchen" kann um grammatische Übungskärtchen ergänzt werden. Bei dieser Variante steht das Wiederholen und Einschleifen grammatischer Strukturen im Vordergrund. Auf den Kärtchen sind Strukturübungen verzeichnet, die die Schülerinnen und Schüler mündlich in Partnerarbeit bearbeiten. Idealerweise sind diese Kärtchen in Form kleiner Tandembögen wie das Beispiel zu *ser/estar* (S. 27) angelegt, sodass eine gegenseitige Kontrolle möglich ist, bzw. die Lösungen sind auf der Rückseite der Kärtchen angegeben.

Material/Kopiervorlage
a) Beispiele für Kommunikationskärtchen (erstes Lernjahr)

Un día en tu vida

Cuéntale a tu compañero/-a cómo pasas un día "normal". Puedes empezar así: "Normalmente *me levanto* a las ..."

levantarse – ducharse – desayunar – ...
tener que estar en el instituto – tener clase desde ... hasta ...
comer – volver a casa – ... – cenar – ver la tele – leer – acostarse

normalmente – siempre – casi siempre – a veces
por la mañana – al mediodía – por la tarde – por la noche

Quedar para el fin de semana

¿Adónde ir? Discute con un/a amigo/-a.

CINE RIALTO	CLUB LIMÓN	DISCOTECA FLASH
21 h	22 h	18 h

¿Adónde vamos?   ¿Por qué no vamos a ...?   ¿Tienes ganas de ...?
Podemos ir a ...   Hay un/a ...   ¿Cuándo empieza?
¡Por favor, no!   A las ... no puedo porque ...   Yo prefiero ...
De acuerdo.   Vale.   Buena idea.   ¡... es genial!
¿Dónde quedamos?   Entonces quedamos a las ... en ...

Webcode: MS162840-008

b) Beispiele für grammatische Übungskärtchen (erstes Lernjahr)

Mis superlativos

Habla con un/a compañero/-a de clase. Sigue el modelo:
asignatura/fácil ⇨ *La asignatura más fácil para mí es biología. ¿Y para tí?*

asignatura/difícil – deporte/interesante – profesora/*buena* – libro/divertido – cantante/*malo* – lengua/fácil – estilo de música/… – serie (f.) de televisión/… – …/…

¿Ser o estar?
Forma frases con *ser* y *estar*.

nombre: **Ana** *origen:* **Toledo, España** *profesión:* **actriz** *características:* **alta, morena, original, un poco arrogante** *lugar (ahora):* **teatro, Madrid** *estado de ánimo (ahora):* **un poco nerviosa**	Esta *es* Ana. *Es* de Toledo, una ciudad en España. *Es* actriz. *Es* alta, morena, original y un poco arrogante. Ahora *está* en un teatro de/en Madrid. *Está* un poco nerviosa.

Este es Pedro. *Es* de Temuco, una ciudad en Chile. *Es* profesor. *Es* bajo, un poco maniático y muy inteligente. Ahora *está* en el colegio. *Está* muy cansado y un poco enfermo.	*nombre:* **Pedro** *origen:* **Temuco, Chile** *profesión:* **profesor** *características:* **bajo, un poco maniático, muy inteligente** *lugar (ahora):* **colegio** *estado de ánimo (ahora):* **muy cansado, un poco enfermo**

→ Kugellager / *Tiovivo*

Ziel der Methode
Ziele der Methode sind
- die Hinführung zum freien Sprechen,
- die Schulung des aktiven Zuhörens,
- der Abbau von Sprechhemmungen.

Einsatzmöglichkeiten
Das „Kugellager" ist in allen Klassen und Stufen vielfältig einsetzbar, z. B.
- zum Austausch von Meinungen, Ideen oder Informationen (die in der Regel vorher in Einzelarbeit erarbeitet wurden),
- zum Training kommunikativer Grundsituationen (z. B. sich vorstellen),
- zum Einüben längerer Redebeiträge (z. B. eines „Ein-Minuten-Vortrags", S. 19),
- zum Training des sinnstiftenden Vorlesen,
- zur gegenseitigen Vorstellung von Hausaufgaben oder anderer Produkte.

Vorbereitung
Es wird ein großer freier Raum in der Mitte des Klassenzimmers benötigt, Tische und Stühle müssen also in der Regel an die Wand gerückt werden.

Sozialform
Partnerarbeit, Simultanarbeit

Stufe
Sek. I und Sek. II

Beschreibung
Das „Kugellager" (auch „Karusselldiskussion") ist ein Arrangement im Klassenraum, in dem die Schülerinnen und Schüler einen Innen- und einen Außenkreis mit gleicher Personenzahl bilden, sodass sich immer zwei Schüler gegenübersitzen oder gegenüberstehen. Nach einem Gespräch oder Austausch zwischen den Partnern rückt der Außenkreis im Uhrzeigersinn weiter, sodass sich neue Paare bilden, die wiederum in ein Gespräch eintreten etc.

Eine direkte Kontrolle der Lernenden durch die Lehrkraft findet nicht statt, das „Kugellager" bietet daher Schülerinnen und Schülern mit Sprechhemmungen einen Schutzraum.

Zum Aufbau eines „Kugellagers" werden die Tische und Stühle an die Wand gerückt und die Klasse wird in zwei gleich große Gruppen eingeteilt. Danach bildet die eine Gruppe den Innenkreis, die andere den Außenkreis. Schülerinnen und Schüler der beiden Kreise, die sich gegenüberstehen, schauen sich an. Nun beginnt auf ein Signal der Lehrkraft hin die Sprechphase, die je nach Zielsetzung ganz unterschiedlich gestaltet sein kann, z. B.:

Monologisches Sprechen:
- A hört B lediglich zu, etwa während B ihm etwas laut und sinnstiftend vorliest, danach werden die Rollen getauscht und B hört A zu.
- A hört B zu und gibt ihm eine Rückmeldung, z. B. ob er bestimmte Ausdrücke in ausreichender Zahl gebraucht hat, danach werden die Rollen getauscht und B gibt A Rückmeldung.

Dialogisches Sprechen:
- Es findet ein Gespräch (z. B. zu einer kommunikativen Grundsituation) oder ein Meinungsaustausch statt.
- A und B stellen sich gegenseitig Ergebnisse vor, z. B. halten beide ein Bild hoch, beschreiben und erläutern es dem Gegenüber.
- A trägt B etwas vor. B macht sich Notizen und fasst daraufhin die wichtigsten Informationen zusammen. Dann trägt B etwas vor, und A resümiert.

Die Länge der Sprechphase variiert mit der Zielsetzung, in der Regel beträgt sie mehrere Minuten. Sie kann auch während der Durchführung von der Lehrkraft verlängert oder verkürzt werden, ganz nach den Bedürfnissen der Lerngruppe. Auf ein weiteres Signal der Lehrkraft hin rückt der Außenkreis im Uhrzeigersinn einen oder mehrere Plätze weiter, und die nächste Sprechphase beginnt.

Tipps
- Ein „Kugellager" ist schneller aufgebaut, wenn es im Stehen durchgeführt wird. Ein doppelter Sitzkreis lohnt sich nur, wenn er die ganze Unterrichtsstunde über erhalten bleiben soll.
- Ist die Zahl der Schülerinnen und Schüler ungerade, nimmt die Lehrkraft am „Kugellager" teil. Alternativ kann auch aus zwei Schülern im Außenkreis und einem im Innenkreis eine Dreiergruppe gebildet werden.

Material/Kopiervorlage
Folienvorlage zur Einführung der Methode

El tiovivo

Primer paso: Formad dos círculos concéntricos con el mismo número de alumnos. En el círculo interior, poneos mirando hacia fuera, en el exterior, mirando hacia dentro, de modo que se formen parejas.

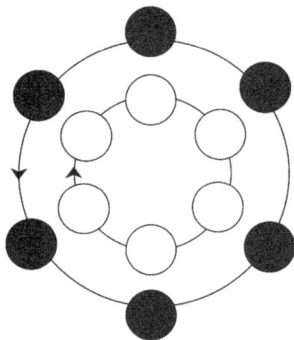

Segundo paso: Iniciad la presentación/la conversación.

Tercer paso: Luego uno de los círculos rueda (p. e. tres sitios hacia la derecha) y se forman nuevas parejas. Volved a iniciar la presentación/la conversación etc.

Webcode: MS162840-010

→ **Omniumkontakt/*Mercado***

Ziel der Methode
Ziele der Methode sind
- die Hinführung zum freien Sprechen,
- die Schulung des aktiven Zuhörens,
- der Abbau von Sprechhemmungen.

Einsatzmöglichkeiten
Der „Omniumkontakt" ist in allen Klassen und Stufen vielfältig einsetzbar, insbesondere
- zum Training kommunikativer Grundsituationen (z. B. sich vorstellen),
- zum Austausch von Meinungen, Ideen oder Informationen (die i. d. R. vorher in Einzelarbeit erarbeitet wurden).

Vorbereitung
Das Mobiliar muss an die Wand gerückt werden.

Sozialform
Partnerarbeit, Simultanarbeit

Stufe
Sek. I und Sek. II

Beschreibung
Beim „Omniumkontakt" gehen die Schülerinnen und Schüler frei durch den Raum, bleiben auf ein Signal der Lehrkraft hin stehen und treten mit dem nächststehenden Mitschüler in eine Sprechphase ein. (Zur Gestaltung der Sprechphase siehe das Kapitel „Kugellager", S. 28.) Auf ein weiteres Signal hin beginnt das Prozedere von Neuem.

Eine direkte Kontrolle der Lernenden findet nicht statt, die Methode bietet also Lernern mit Sprechhemmungen einen Schutzraum.

Tipps
- *Camina-para-pares:* Geeignete Impulse sind ¡camina! (die Schüler gehen umher), ¡para! (sie bleiben stehen) und ¡pares! (sie bilden Paare).
- Die Sprechphasen können auch durch Musik gekennzeichnet werden. Sobald diese stoppt, treten die Schülerinnen und Schüler mit einem Partner in die Sprechphase ein. Wenn die Musik wieder einsetzt, lösen sich die Paare auf.

SPRECHEN

→ Pro-Kontra-Diskussion/*Debate*

Ziel der Methode
Ziele der Methode sind
- die Schulung des dialogischen Sprechens,
- das Training kommunikativer Strategien (Interagieren, Argumentieren),
- das Einüben von Diskussionsvokabular.

Einsatzmöglichkeiten
Die Methode eignet sich ab dem dritten Lernjahr
- zur Diskussion einer These/eines Problems,
- zur Vorbereitung des dialogischen Teils einer mündlichen Kommunikationsprüfung.

Vorbereitung
- Die Schülerinnen und Schüler benötigen Papierzettel (Größe etwa DIN A9).
- Die Lehrkraft muss im Vorfeld das Diskussionsvokabular zusammenstellen (s. Kopiervorlage).

Sozialform
Gruppenarbeit

Stufe
Sek. I und Sek. II

Beschreibung
Eine „Pro-Kontra-Diskussion" läuft nach einem klar geregelten Verfahren ab, das den Schülerinnen und Schülern Sicherheit gibt und sehr geeignet ist, das dialogische Sprechen zu trainieren. Ausgangspunkt ist immer eine polarisierende oder provozierende These, die sich aus der Arbeit mit einer Lehrwerklektion oder einem Unterrichtsthema der Oberstufe ergibt, z. B.:
- *España estaría mejor sin turistas.*
- *Comer carne – ¿sí o no?*
- *Las corridas de toro – ¿arte o crimen?*

Zur Vorbereitung der Diskussion werden zunächst alle aus dem Unterricht und dem Weltwissen verfügbaren Pro- und Kontra-Argumente in einer zweispaltigen Tabelle zusammengetragen. Danach beschriftet jeder Schüler acht Zettel mit Diskussionsvokabular, das er in der Diskussion verwenden will. Idealerweise wählt er zu jeder Redeabsicht *(expresar acuerdo, expresar desacuerdo, opinar, pedir explicaciones* etc., siehe die Zusammenstellung des Vokabulars auf der Kopiervorlage) einen Ausdruck aus und notiert ihn auf je einem Zettel.

Zur Durchführung der Diskussion bilden die Schülerinnen und Schüler Vierergruppen. Zwei Diskutanten („Pro" und „Kontra") setzen sich einander gegenüber, legen ihre beschriften Zettel zwischen sich und diskutieren das Thema wie folgt:
- „Pro" beginnt, indem er/sie ein Argument anführt.
- „Kontra" muss darauf eingehen bzw. reagieren, indem er/sie Zustimmung, Ablehnung o. Ä. äußert und ein weiteres Argument oder Gegenargument anbringt. Dann ist wieder „Pro" an der Reihe etc.
- Beide Diskutanten müssen möglichst alle von ihnen gewählten Ausdrücke verwenden.

Die dritte Person hat die Rolle eines Schiedsrichters und nimmt die Zettel an sich, sobald der jeweilige Ausdruck verwendet wurde. Wenn mehr als vier Zettel übrig bleiben, muss die Diskussion wiederholt werden.

Die vierte Person ist ein weiterer Schiedsrichter und hakt auf ihrer Pro-und-Kontra-Liste die verwendeten Argumente ab. Wenn mehr als zwei Argumente übrig bleiben, muss die Diskussion ebenfalls wiederholt werden.

Beide Schiedsrichter geben abschließend eine Rückmeldung an die Diskutanten. Im Anschluss werden die Rollen getauscht, d. h., die Diskutanten werden zu Schiedsrichtern und umgekehrt.

Variante **Podiumsdiskussion/*Mesa redonda:*** Diese Methode ist vor allem für die Oberstufe geeignet. Die Schüler vertreten bei einer Podiumsdiskussion aus einer Rolle heraus verschiedene Ansichten zu einem Thema. Die Form der Durchführung ist in der Regel ein „runder Tisch" mit einem oder mehreren Moderatoren und verschiedenen Gästen (denen ggf. ein Souffleur zur Seite gestellt wird). Zur Vorbereitung gehören die detailgenaue Ausarbeitung der eigenen Position und die Vergegenwärtigung der für die Diskussion notwendigen Redemittel (s. Kopiervorlage).

Material/Kopiervorlage
a) Diskussionsvokabular

Opinar A mi modo de ver … Desde mi punto de vista … Opino que …/Pienso que … Para mí, es evidente que … Yo diría que …	**Preguntar por la opinión del otro** ¿Qué opinas/piensas tú de …? ¿Cómo ves tú …? ¿Me entiendes?
Expresar acuerdo Exactamente. Sí, es verdad. Tienes razón. Estoy de acuerdo (con lo que dices). Vale.	**Expresar desacuerdo** Esto no lo veo como tú. Esto no es cierto. Me parece que estás equivocado. Tu argumentación me parece superficial. Me parece que tienes prejuicios. No creo/pienso que … (+ *subj.*)
Pedir explicaciones ¿Puedes repetirlo, por favor? Lo siento. No te entiendo. ¿Me lo puedes explicar otra vez? ¿Qué significa para ti …? ¿Qué quieres decir con …?	**Añadir ideas** Otro aspecto esencial es … Es importante saber que … No debes olvidar que … También hay que mencionar …
Interrumpir a alguien Perdona que te interrumpa. Espera un momento.	**Ponderar argumentos** Por un lado … por otro lado … Es cierto que …, pero … Sí, pero … Puede ser, pero …

Webcode: MS162840-011

b) Anweisungen zur Durchführung der Pro-Kontra-Diskussion

Preparar y hacer un debate

Preparar el debate
1. Reúne los argumentos a favor y en contra.

a favor	en contra

2. Busca ocho expresiones de interacción que quieres usar en el debate. Apunta estas expresiones en papelitos sueltos y apréndelas de memoria.

No lo veo así.	¿Me entiendes?

Hacer el debate: Vais a hacer el debate en grupos de cuatro. Dos participan en el debate, los otros dos son observadores.

3. Formad grupos de cuatro alumnos. Intercambiad los argumentos y completad la lista.

4. Los dos participantes ("a favor" y "en contra") se sientan cara a cara en una mesa y ponen sus papelitos en la mesa.
- El participante "a favor" empieza exponiendo un argumento.
- El participante "en contra" tiene que reaccionar expresando su acuerdo o su desacuerdo. Luego expone otro argumento (como si los dos estuvieran disputando un partido de *ping-pong* verbal).
- A ser posible, los dos participantes tienen que exponer todos los argumentos y utilizar todas las expresiones de sus papelitos.
- El primer observador coge los papelitos en cuanto el participante haya utilizado la expresión apuntada. Si al final sobran más de seis papelitos, los participantes tienen que repetir el debate.
- El segundo obervador mira la lista de los argumentos. Durante el debate, va marcando todos los argumentos mencionados. Si al final sobran más de dos argumentos, los participantes tienen que repetir el debate.

5. Después del debate, los dos observadores les dan un feedback lo más específico posible a los dos participantes.

6. Luego cambiad de papel: los obervadores se convierten en participantes y los participantes en obervadores.

Webcode: MS162840-012

→ Korrekturlesen/*Corrección mutua de textos*

Ziel der Methode
Ziele der Methode sind
- die Teilkorrektur und Würdigung aller Schülertexte zugleich,
- die Verbesserung des Bewusstseins für sprachliche Normen und Regeln.

Einsatzmöglichkeiten
Die Methode kann angewandt werden
- ab dem ersten Lernjahr,
- zur Überarbeitung jeglicher Art von Texten, die die Schülerinnen und Schüler in Hausarbeit oder im Unterricht verfasst haben.

Vorbereitung
keine

Sozialform
Partnerarbeit

Stufe
Sek. I und Sek. II

Beschreibung
Das „Korrekturlesen" ist eine Möglichkeit, nach einer schriftlichen Hausaufgabe oder dem Abfassen eines Textes im Unterricht alle Schülerprodukte zu würdigen und einer Teilkorrektur zu unterziehen. Jeweils zwei Schülerinnen und Schüler tauschen dazu ihre Texte aus und lesen sie nach einem zuvor durch die Lehrkraft festgelegten Kriterium – beispielsweise einer typischen Fehlerquelle – Korrektur, z. B.
- *la concordancia de los adjetivos,*
- *la concordancia entre el sujeto y el verbo.*

Oder aber die Überarbeitung bezieht sich auf die sprachlichen Strukturen, die im Vorfeld der Texterstellung im Unterricht behandelt wurden, z. B.
- *las formas del pretérito indefinido,*
- *los verbos reflexivos.*

Es hat sich bewährt, die Schülerinnen und Schüler zunächst alle Fundstellen unterstreichen und erst dann auf ihre Richtigkeit hin überprüfen zu lassen. So wird dem flüchtigen Lesen entgegengewirkt. Ein typischer Arbeitsauftrag ist demnach z. B.:

1) *Lee el texto de tu compañero/-a y subraya todos los adjetivos.*
2) *Luego comprueba si la concordancia entre los adjetivos y sus antecedentes es correcta.*

Das Korrekturkriterium kann natürlich auch inhaltlicher oder formaler Natur sein, z. B. wenn die Schülerinnen und Schüler überprüfen sollen, ob der Text den formalen Vorgaben entspricht. (Z. B.: Besteht der Text aus Einleitung, Hauptteil und Schluss?)

Tipps
- Selbst geübte Revisoren sind oft nicht in der Lage, in einem Korrekturdurchgang auf mehrere Aspekte zugleich zu achten. Es gilt: Je weiter der Beobachtungsbereich eingeschränkt wird, desto erfolgreicher die Überprüfung. Zunächst genügt sicherlich ein sprachliches Kriterium oder ein formales.
- Der Korrekturleser sollte immer die erbrachte Leistung seines Partners würdigen, indem er einen kurzen Kommentar – je nach Lernstand auf Deutsch oder auf Spanisch – unter den gelesenen Text setzt. Normalerweise besteht ein solcher aus einer knappen Einschätzung oder einem konkreten Verbesserungsvorschlag, bezogen auf das Korrekturkriterium bzw. die Kriterien, die beim Lesen Anwendung gefunden haben (z. B. *Achte in Zukunft auf die Angleichung der Adjektive*).

→ Fließbandkorrektur/*Corrección en cadena*

Ziel der Methode
Ziele der Methode sind
- die Verbesserung des Bewusstseins für Normen und Regeln der spanischen Grammatik,
- eine weitgehende Korrektur und intensive Würdigung aller Schülertexte zugleich.

Einsatzmöglichkeiten
Die Methode kann angewandt werden
- ab dem ersten Lernjahr,
- zur Überarbeitung jeglicher Art von Texten, die die Schülerinnen und Schüler in Hausarbeit oder im Unterricht verfasst haben.

Vorbereitung
Die Schülerinnen und Schüler benötigen verschiedenfarbige Stifte.

Sozialform
Gruppenarbeit

Stufe
Sek. I und Sek. II

Beschreibung
Die „Fließbandkorrektur" (auch „Textkarussell" genannt) ist eine Methode zur simultanen Korrektur und Würdigung aller Schülertexte, z. B. nachdem die Schülerinnen und Schüler als Hausaufgabe einen Text (gleich welcher Art) verfasst haben. Grundidee der Methode ist es, dass die Texte wie auf einem Fließband an verschiedenen Stationen vorbeilaufen, wo sie jeweils nach einem anderen Kriterium Korrektur gelesen werden. Hat ein Text also vier (oder drei oder fünf) Stationen durchlaufen, so wurde er nach vier (oder drei oder fünf) Kriterien durchgesehen und hat eine relativ gründliche Überarbeitung erfahren.

Zur Durchführung der „Fließbandkorrektur" setzen sich die Schülerinnen und Schüler (im folgenden Beispiel zu viert) an einem Gruppentisch zusammen und jeder erhält oder wählt ein anderes Korrekturkriterium. Beispielsweise überprüft
- Lerner 1 die Angleichung der Adjektive,
- Lerner 2 die Konjugation der Verben,
- Lerner 3 alle Zeitangaben,
- Lerner 4 die Textkohärenz (Konnektoren).

Die Kriterien können sich auf alle Bereiche der Überarbeitung (Inhalt, Aufbau/ Struktur, Ausdruck, Sprachrichtigkeit) beziehen.

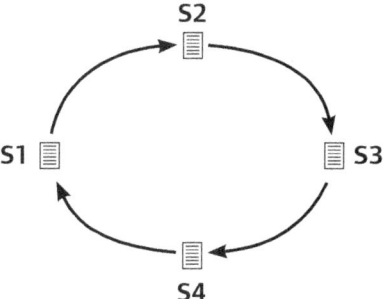

Die Texte werden nun in einem von der Gruppe oder der Lehrkraft festgelegten Intervall so lange im Uhrzeigersinn weitergegeben, bis sie wieder bei ihren jeweiligen Verfassern anlangen. Jeder Leser korrigiert (in seiner eigenen Farbe) die ihn erreichenden Produkte seiner Mitschüler ausschließlich gemäß seinem Kriterium.

Tipps
- Jeder Korrekturleser sollte die erbrachte Leistung würdigen, indem er einen kurzen Kommentar – je nach Lernstand auf Deutsch oder auf Spanisch – unter den gelesenen Text setzt, bezogen auf sein Korrekturkriterium. Dies kann auch ein Verbesserungsvorschlag sein (z. B. *Achte in Zukunft auf die Präposition „a" vor Personen*).
- Die Kriterien können innerhalb einer Gruppe binnendifferenzierend – von den Gruppenmitgliedern selbst oder der Lehrkraft – vergeben werden. Schwächere Schülerinnen und Schüler erhalten z. B. ein einfach zu überprüfendes Kriterium (z. B. ob keine Doppelkonsonanten wie *tt, ss, nn* geschrieben wurden, ob auf *también* der Akzent richtig gesetzt wurde o. Ä.), während stärkere Lerner z. B. die Textkohärenz (Konnektoren, Satzanfänge, Objektpronomina) kontrollieren. So kann im Idealfall jeder Schüler auf seinem Niveau erfolgreich arbeiten.

Variante **Korrektur über OHP/*Corrección pública:*** Ein Schülertext wird auf eine OHP-Folie kopiert oder direkt auf einer Folie angefertigt. Die Lehrkraft versieht ihn mit Zeilennummern, wirft ihn an die Wand, legt die Überarbeitungskriterien fest und schreibt sie an die Tafel. Anschließend wird der Text im Plenum korrigiert. (Über die Zeilennummern können die Schülerinnen und Schüler eindeutig Bezug auf die Fehlerquellen nehmen: *En la línea 7 hay que poner „La gente baila".*) Im nächsten Schritt tauschen alle Schülerinnen und Schüler ihre Texte aus und korrigieren sie nach den zuvor im Plenum besprochenen Kriterien.

Material/Kopiervorlage
Folienvorlage zum Ausfüllen

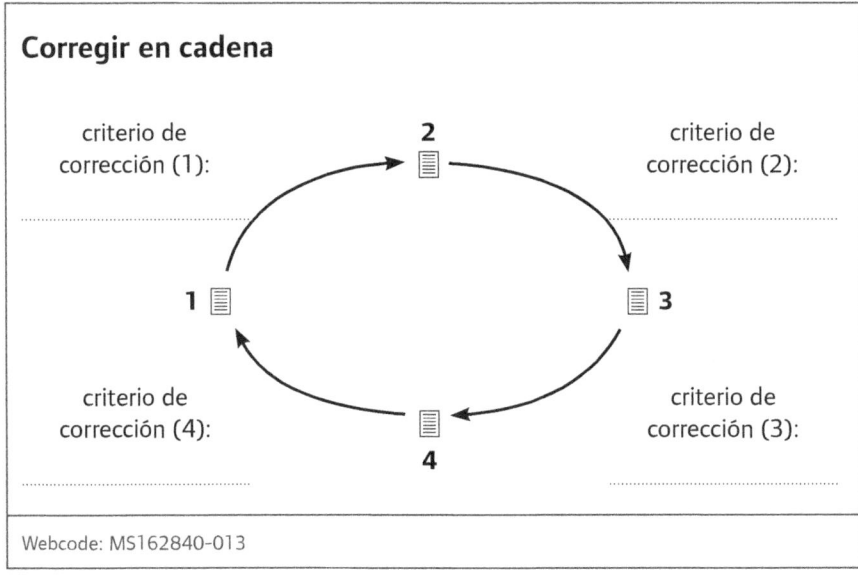

Webcode: MS162840-013

→ **Redaktionskonferenz/***Redacción cooperativa*

Ziel der Methode
Ziel der Methode ist die Schreibschulung.

Einsatzmöglichkeiten
Die Methode eignet sich
- zur Würdigung und Verbesserung längerer Schreibprodukte in der Sek. I,
- zur Erstellung und Überarbeitung wichtiger Zieltextformate in der Oberstufe (z. B. zur Klausur- und Abiturvorbereitung).

Vorbereitung
- Die Schülerinnen und Schüler benötigen verschiedenfarbige Textmarker oder Buntstifte.
- Die Lehrkraft muss Kriterien für die sprachliche Überarbeitung des gemeinsamen Textes bestimmen.

Sozialform	*Stufe*
Gruppenarbeit	Sek. I und Sek. II

Beschreibung
In einer „Redaktionskonferenz" werden mehrere individuell verfasste Texte, z. B. aus einer Hausaufgabe, in Gruppenarbeit zu einem gemeinsamen, möglichst hochwertigen Produkt zusammengefügt, das dann veröffentlicht wird. (Der Arbeitsprozess ähnelt also der Arbeit einer Redaktion.) Das Verfahren lenkt den Blick nicht auf Mängel in den Einzeltexten, sondern auf gelungene Aspekte, die dann zusammengetragen und weiterentwickelt werden.

Phase I: Inhaltliche Überarbeitung
Die Schülerinnen und Schüler erhalten den Auftrag, Vierergruppen zu bilden. In der so formierten „Redaktion" werden zunächst alle Einzelprodukte zur Kenntnis genommen, z. B. indem sie im Kreis herumgereicht und genau gelesen werden. Jeder „Redakteur" markiert (in seiner eigenen Farbe) die inhaltlich gelungensten Passagen und begründet am Rand seine Auswahl in Stichworten, dies kann auch auf Deutsch erfolgen.

Nun wird entweder ein Text als Grundlage der gemeinsamen Weiterarbeit ausgewählt, in den dann gelungene Passagen aus den anderen Produkten eingearbeitet werden, oder aber es wird gemeinsam ein gänzlich neuer Text auf der Grundlage der angestrichenen Passagen erstellt.

Phase II: Sprachliche Überarbeitung
Das gemeinsame Produkt wird danach innerhalb der Viergruppe sprachlich überarbeitet, z. B. durch eine „Fließbandkorrektur" (S. 38). (Die Lehrkraft muss an dieser Stelle die Kriterien für die sprachliche Überarbeitung bestimmen.) Eine Endkorrektur durch die Lehrkraft kann sich anschließen.

Phase III: Veröffentlichung
Schlusspunkt ist die Veröffentlichung des redigierten Textes, z. B. durch Aushang im Klassenraum oder per Fotokopie für alle Mitschülerinnen und Mitschüler.

Tipps   Eine „Redaktionskonferenz" ist zeitaufwendig, es handelt sich aber um eine sehr intensive Form der Schreibschulung. Sie ist daher besonders geeignet zur Erstellung und Überarbeitung abiturrelevanter Zieltextformate in der Oberstufe.

Variante **Schreibkonferenz/Reunión de autores:** Eine „Schreibkonferenz" verläuft sehr ähnlich, die Grundidee ist aber nicht die gemeinsame Weiterarbeit, sondern die Überarbeitung der Ursprungstexte. Die Texte werden in Viergruppen im Kreis herumgegeben, und jeder Revisor macht Verbesserungsvorschläge, indem er:
• unter dem Text Anmerkungen zum Inhalt notiert sowie
• am Rand sprachliche Korrekturen vermerkt.

Die beiden Korrekturbereiche (Inhalt und Sprache) können auch getrennt an je zwei Revisoren vergeben werden. Jeder Schüler überarbeitet abschließend seinen Entwurf auf der Grundlage der Verbesserungsvorschläge noch einmal.

Material/Kopiervorlage
Folienvorlage zur Einführung der Methode

La redacción cooperativa

Primer paso: Formad grupos de cuatro redactores.

Segundo paso: Leed los cuatro textos, haciéndolos circular. Cada redactor marca las partes más logradas **en cuanto al contenido,** según su opinión, utilizando su propio color.

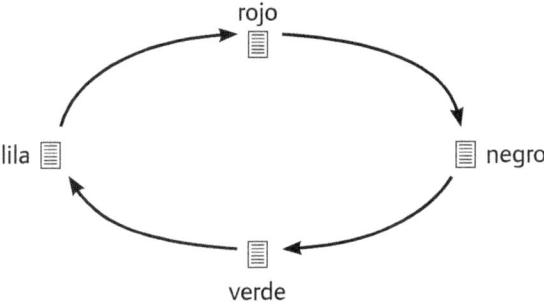

Tercer paso: Redactad un texto perfeccionado. Podéis
- partir de uno de los cuatro textos, introduciendo en él algunas de las partes logradas o
- redactar un texto nuevo, basándoos en las partes logradas.

Cuarto paso: Revisad el texto **en cuanto a la lengua** (grámatica, vocabulario, sintáxis), p. e. haciendo una "corrección en cadena".

Quinto paso: Publicad el texto (colgándolo en la pared del aula, fotocopiándolo para toda la clase, subiéndolo a internet …).

Webcode: MS162840-014

→ **Rückwärtskorrektur**/*Corrección a la inversa*

Ziel der Methode
Ziel der Methode ist es, dass die Schülerinnen und Schüler ein Bewusstsein für ihre individuellen Fehlerquellen entwickeln, vor allem auf der Ebene systematischer Fehler. Im Idealfall können bei wiederholtem Einsatz der Methode diese Fehlerquellen abgestellt werden.

Einsatzmöglichkeiten
Die Methode ist geeignet
- zur selbstständigen Korrektur schriftlicher Produkte in der Spracherwerbsphase,
- zur selbstständigen Überarbeitung von Klassenarbeitstexten oder Klausuren vor der Abgabe.

Vorbereitung
- Die Schülerinnen und Schüler benötigen einen Bleistift und verschiedenfarbige Buntstifte.
- Die Lehrkraft muss im Vorfeld die Korrekturschablone zusammenstellen und im Klassensatz kopieren.

Sozialform
Einzelarbeit

Stufe
Sek. I und Sek. II

Beschreibung
Bei der „Rückwärtskorrektur" lesen die Schülerinnen und Schüler ihren Text mehrfach von hinten nach vorne und überprüfen ihn bei jedem Durchgang nach einem anderen sprachlichen Korrekturkriterium. Dazu erhalten sie von der Lehrkraft eine Schablone mit Korrekturkriterien, die sich beziehen können
a) auf die zuletzt im Unterricht behandelten sprachlichen Strukturen und/oder
b) auf allgemeine Fehlerquellen des Spanischen (wie z. B. die Angleichung der Adjektive).

Im folgenden Beispiel war das Unterrichtsthema der „Tagesablauf", daher beziehen sich die Kriterien 1 bis 3 auf die themenspezifischen sprachlichen Problemfelder „reflexive Verben" und „Zeitangaben". Das Kriterium 4 hingegen weist auf eine generelle Fehlerquelle der Spracherwerbsphase hin, und zwar auf die Angleichung der Adjektive.

1. Finde in deinem Text alle **Uhrzeiten** und unterstreiche sie **blau**.
- Hast du überall den femininen Artikel *(la una, las dos etc.)* gesetzt?
- Ist *„um X Uhr"* mit *"a las X"* übersetzt?

2. Finde alle **Tageszeitangaben** *(la mañana, el mediodía, la tarde, la noche)* und unterstreiche sie **braun**.
- Hast du die Präposition richtig gesetzt? Normalerweise steht *por* *(por* la mañana, *por* la tarde, *por* la noche), doch direkt nach einer Uhrzeit steht *de* (a las ocho *de* la mañana).
- *Mittags* wird mit *al mediodía* wiedergegeben.

3. Finde alle **reflexiven Verben** und umkreise sie **grau**. Ist das Verb wirklich ein reflexives Verb? Wenn ja, ist das Pronomen richtig gesetzt *(me, te, se, nos, os, se)*? Steht das Verb in der richtigen Person?

4. Finde alle **Adjektive** und umkreise sie **grün**. Dann ziehe jeweils einen Pfeil zu ihrem Bezugswort. Ist das Adjektiv richtig angeglichen?

Die Schülerinnen und Schüler erhalten nun den Auftrag, ihren Text rückwärtszulesen, also von hinten nach vorne. Dabei entfällt auf jedes Kriterium ein einzelner Lesedurchgang. Die Erledigung haken sie auf ihrer Schablone ab (✓).

Tipps Soll die Methode effektiv sein, dürfen sich die Korrekturkriterien nur auf klar abgrenzbare sprachliche Phänomene (z. B. die Verbkonjugation, Bezüge zwischen Adjektiv und Bezugswort etc.) und nicht auf den Inhalt des Textes, seinen Aufbau oder den komplexen Satz beziehen, da der Leser beim Rückwärtslesen keine Sinnzusammenhänge herstellt. Genau hierin liegt die Effizienz des Verfahrens begründet, denn so kann die Aufmerksamkeit direkt auf die sprachlichen Einzelprobleme gelenkt werden.

Material/Kopiervorlage
Basisschablone für das erste Lernjahr mit typischen Fehlerquellen

TEXTE ÜBERARBEITEN

Name: _____ Datum: _____

	✓
Lies deinen Text rückwärts. Verwende für jedes Kriterium einen getrennten Lesedurchgang und eine andere Farbe (alle Farben außer Rot sind möglich).	
1. Finde alle **Verben** und umkreise sie **(Farbe 1)**. Stehen sie in der richtigen Person? Sind die Verben mit Stammvokalwechsel (*o > ue*, *e > ie*, *e > i*) richtig konjugiert?	
2. Finde alle **Adjektive** und umkreise sie **(Farbe 2)**, dann ziehe jeweils einen Pfeil zu ihrem Bezugswort. Ist das Adjektiv richtig angeglichen?	
3. Finde die **Formen von *ser*** *(soy, eres, es, somos, sois, son)* und unterstreiche sie **(Farbe 3)**. Überprüfe, ob dort nicht evtl. ***estar*** oder ***hay*** stehen muss.	
4. Finde die **Modalverben** *(querer, poder, deber, tener que)* **(Farbe 4)**. Steht das Verb dahinter im Infinitiv?	
5. Finde das Wörtchen ***también*** **(Farbe 5)**. Hast du den Akzent auf das *e* gesetzt? Ist der Satz vielleicht verneint und es muss ***tampoco*** heißen?	
6. Finde alle **direkten Objekte (Farbe 6)**. Sind es Personen? Dann muss die Präposition *a* stehen! *(Escucho **a** mi amigo.)*	
7. Finde alle Wörter, die du mit **Doppelkonsonanten** geschrieben hast. Doppelkonsonanten gibt es im Spanischen nicht! (Ausnahmen: *ll, rr, cc*)	

Webcode: MS162840-015

© 2014 Cornelsen Schulverlage GmbH, Berlin. Alle Rechte vorbehalten.

→ Automatisches Schreiben/*Escritura automática*

Ziel der Methode
Ziele der Methode sind
- die Erleichterung des Schreibstarts (vor Beginn der eigentlichen Textproduktion) oder des Einstiegs in ein neues Thema,
- der Abbau von Schreibblockaden,
- die Reaktivierung von Vorwissen und Wortschatz.

Einsatzmöglichkeiten
Die Methode kann eingesetzt werden:
- vor der Produktion eher kreativer Textsorten (also z. B. einem inneren Monolog, einem Brief, einem Tagebucheintrag, einem Blog),
- zur inhaltlichen und/oder sprachlichen Vorbereitung eines neuen Themas oder Teilthemas.

Sie ist für den Einsatz in der Oberstufe zu empfehlen, da die selbstständige Verwendung des Spanischen (mind. Niveau B1) Voraussetzung ist.

Vorbereitung
keine

Sozialform
Einzelarbeit

Stufe
Sek. II

Beschreibung
Beim „Automatischen Schreiben" beginnen die Schülerinnen und Schüler auf einen Impuls hin zu schreiben, z. B.:
- *La vida en la metrópoli*
- *El turista sostenible*
- *De lo que tengo miedo*

Sie notieren ohne Rücksicht auf Grammatik, Satzbau oder Zeichensetzung alles, was ihnen in den Sinn kommt. Dabei gibt es keine guten oder schlechten Gedanken, es wird tatsächlich konzeptlos alles notiert: Buchstaben, Wörter, Satzfragmente und Sätze zu Assoziationen, Vorwissen und Gefühlen, die der Impuls im Schreiber auslöst. Der Stift wird während der gesamten Schreibzeit nicht abgesetzt, wer stockt, schreibt das zuletzt notierte Wort wieder und wieder, bis ihm ein weiterer Gedanke kommt.

Die so entstandenen Texte dienen in der Regel der Vorbereitung einer sich anschließenden Arbeitsphase und stellen den Autoren Ideen und Sprachmaterial zur Verfügung. Sie können z. B. weiterverarbeitet werden, indem jeder Schreiber die für ihn wichtigsten Wörter umkreist und diese als Grundlage für eine sich anschließende Textproduktion heranzieht.

Tipps
- Bei Einführung der Methode ist es von Vorteil, wenn die Lehrkraft am OHP das Vorgehen kurz demonstriert. Bis das Verfahren von den Schülerinnen und Schülern als gewinnbringend erkannt wird, sind nach aller Erfahrung ein mehrfacher Einsatz und eine Reflexion über Sinn und Zweck angezeigt.
- Die Schreibzeit muss klar begrenzt sein. Bewährt hat sich eine Frist von zwei bis drei Minuten.
- Die Schreibphase kann von passender Hintergrundmusik begleitet werden.
- Es ist sinnvoll, den Schülerinnen und Schülern die Wahl der Sprache freizustellen, um den Schreibfluss nicht durch die Sprachbarriere zu hemmen. Es gilt: Was auf Spanisch notiert werden kann, wird auch auf Spanisch notiert. Ansonsten kann jederzeit zwischen der Zielsprache und der Muttersprache hin- und hergesprungen werden, auch mitten im Satz.
- Die Basis für die Weiterarbeit kann erweitert werden, indem direkt nach der *escritura automática* jeweils zwei (oder vier) Autoren ihre Produkte untereinander austauschen und lesen. Dies sollte aber freigestellt werden, da die Inhalte sehr persönlich sein können.
- Die Produkte werden nicht vorgelesen, nicht verbessert, nicht eingesammelt und nicht benotet.

Material/Kopiervorlage
Folienvorlage zur Einführung der Methode

La escritura automática

Cuando veas o escuches la palabra clave/el tema, empieza a escribir.

- Apunta TODO lo que se te pase por la cabeza: palabras, letras, frases cortas, ideas, asociaciones, opiniones, sentimientos, conocimientos, preguntas, …
- Escribe "automáticamente", o sea sin reflexionar y *sin levantar el lápiz del papel*. ¡No te preocupes por escribir correctamente! No corrijas nada, no taches nada, no cambies nada.
- Si se te interrumpe el flujo de ideas, no levantes el lápiz. Vuelve a escribir la última palabra *(alegría_alegría_alegría_alegría_ale✐)* hasta que se te ocurra otra idea.
- Si no sabes expresar una idea en español, apúntala en alemán.

Deja de escribir cuando oigas la señal.

Webcode: MS162840-016

→ Blitzlicht/*Flash*

Ziel der Methode
Ziel der Methode ist
- in der Sek. II die Einholung eines Meinungsbildes sowie die Reflexion persönlicher Positionen,
- in der Sek. I die Festigung von Redemitteln.

Einsatzmöglichkeiten
- in allen Klassen/Stufen,
- zum Einholen von Meinungsäußerungen bzw. eines Meinungsbildes.

Vorbereitung
keine

Sozialform   *Stufe*
Plenum   Sek. I und Sek. II

Beschreibung
Das „Blitzlicht" wird im Spanischunterricht der Oberstufe verwendet, um eine kurze Meinungsäußerung von jedem Lerner zu erhalten. Die Schülerinnen und Schüler äußern sich nach knapper Vorbereitungszeit reihum oder durch Weitergabe eines Impulsgebers (z. B. ein Ball) in Form von ein bis zwei Sätzen zum gegebenen Impuls, der auch an die Tafel geschrieben wird, z. B.: *¿Qué opinas del turismo de masas en el litoral español?* Oder kürzer: *Para mí, esta escena* … Alle anderen Schülerinnen und Schüler sind während der Äußerung nur Zuhörer. Die Sätze liefern Gesprächsanlässe und Strukturierungselemente für die Weiterarbeit.

In der Spracherwerbsphase heißt die Methode auch „Satzanfänge" und hat das Ziel, sprachliche Grundstrukturen zu festigen. Die Schülerinnen und Schüler bilden nacheinander Sätze zu einem vorgegebenen Satzanfang an der Tafel, z. B. zur Automatisierung
- des Superlativs: *El objeto más importante para mí es* …,
- des Relativpronomens *lo que*: *Lo que (no) me gusta de mi barrio es* …,
- des *subjuntivo*: *Pensando en el tema X, me cuesta entender que* … + *subj.*.

Die Lehrkraft hört aktiv zu und notiert sich die häufigsten Fehler bzw. Schwierigkeiten, die Fehlerkorrektur erfolgt am Ende der Runde gebündelt.

Tipps
- In größeren Gruppen ist es ggf. nötig, die Zahl der Äußerungen zu begrenzen, z. B. indem nur jeder zweite Schüler oder die Hälfte der Klasse nach Sitzordnung/Alphabet an die Reihe kommt. Wichtig ist, dass die Schülerinnen und Schüler das Auswahlkriterium im Vorfeld nicht kennen.
- Es können auch alle Schülerinnen und Schüler zunächst stehen. Ein Lerner beginnt und setzt sich, danach ist die Reihenfolge beliebig. Die „Blitzlicht"-Runde endet, wenn alle sitzen. Diese Form sorgt für eine automatische Beschleunigung. Schülerinnen und Schüler, die sich im Plenum ungern beteiligen, versuchen so schnell als möglich, ihren Beitrag zu leisten und sich zu setzen, während solche, die weniger Scheu haben, länger stehen bleiben. Hier gilt: Je mehr Mitschüler sitzen, desto größer wird die Sprechbühne.
- Es ist unabdingbar, dass der Impuls des „Blitzlichtes" thematisch so ertragreich ist, dass er auch wirklich unterschiedliche Äußerungen bzw. Standpunkte ermöglicht. Wenn sich die Äußerungen zu sehr ähneln, ist das Zuhören weder für die Schüler noch für die Lehrkraft interessant.

→ Ideenstern/*Carrusel escrito*

Ziel der Methode
Ziel der Methode ist die Sammlung und Vertiefung von Ideen/Gedanken/Meinungen zu einem Thema.

Einsatzmöglichkeiten
Die Methode ist geeignet
- für alle Klassen und Kurse,
- zu Beginn der inhaltlichen Behandlung eines Themas oder Teilthemas,
- zum Sammeln von Assoziationen oder Meinungen zu einem Schlagwort/Thema.

Vorbereitung
Jeweils vier Schüler benötigen einen leeren DIN-A2-Bogen (z. B. aus einem Zeichenblock), den die Lehrkraft wie folgt durch dicke Linien (gezogen z. B. mit einem Filzstift) eingeteilt hat:

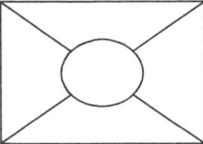

Sozialform	Stufe
Gruppenarbeit	Sek. I und Sek. II

Beschreibung
Der „Ideenstern" ermöglicht es, Gedanken, Assoziationen, Ideen oder Meinungen einer Gruppe zu einem Schlagwort oder Thema zu sammeln und zu vertiefen. Dazu notiert die Lehrkraft den Impuls, zu dem die Ideensammlung stattfinden soll, in der Mitte eines vorstrukturierten Papierbogens (s. o.), z. B.:
- *¿Como será el mundo en el año 2050?*
- *Identidad*
- *Ser joven*

Die Schülerinnen und Schüler setzen sich nun zu viert an einen Gruppentisch und legen den Bogen zwischen sich. Jeder notiert in „seinem" Viertel eine Idee, einen Gedanken oder eine Assoziation zu dem in der Mitte verzeichneten Impuls.

Dann wird der Bogen im Uhrzeigersinn gedreht, sodass jedes Gruppenmitglied nun die Notiz seines Sitznachbarn vor sich sieht. Diese Idee kann es schriftlich ergänzen, erweitern oder kommentieren; sollte ihm zur vorliegenden Notiz keine Ergänzung einfallen, notiert es eine neue. Der Bogen wird so lange weitergedreht, bis alle Ideen mehrere Ergänzungen erhalten haben. Während der ganzen Sammelphase wird nicht gesprochen.

Mit den Ergebnissen kann variabel weitergearbeitet werden: Sie können in der Gruppe nach Relevanz für den Impuls geordnet, nach bestimmten Kriterien klassifiziert oder auch zusammengefasst werden. In der Regel dienen sie als Grundlage für eine sich anschließende Schreib- oder Sprechphase.

Tipps
- Sollte kein DIN-A2-Bogen zur Verfügung stehen, wird das Thema auf ein DIN-A4-Blatt geschrieben und in die Mitte des Tisches gelegt. Die Gruppenmitglieder schreiben ihre Ideen auf weitere DIN-A4-Blätter, die dann im Uhrzeigersinn weitergereicht werden.
- Um den Ideenfluss nicht durch die Sprachbarriere zu hemmen, kann die Lehrkraft es den Schülerinnen und Schülern freistellen, zunächst auch Zeichnungen, Symbole und Gedanken auf Deutsch zu notieren. Eine sprachliche Überformung kann im Anschluss an die Sammelphase geschehen.

Variante **Platzdeckchen-Methode/*Mantelito*:** Bei der „Platzdeckchen"-Methode wird derselbe DIN-A2-Bogen benötigt, die Mitte bleibt jedoch frei und der Impuls wird an die Tafel oder an den oberen Rand des Bogens geschrieben. Nach der Arbeitsphase, die genauso wie beim „Ideenstern" in Stillarbeit schriftlich verläuft, einigt sich die Gruppe in einer Besprechungsphase auf ein gemeinsames Gruppenergebnis, das dann in der Mitte des Bogens notiert und präsentiert wird.

Material/Kopiervorlage
Folienvorlage zur Einführung der Methode

El carrusel escrito

Primer paso: Trabajad en grupos de cuatro alumnos. Sentaos juntos en una mesa y colocad la hoja en el medio.

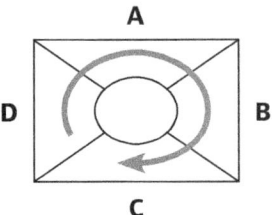

Segundo paso: Apunta una idea/una asociación en cuanto al tema en tu casilla. Cuando hayan terminado todos, haced rodar la hoja.

Tercer paso: Lee la idea de tu compañero/-a de clase. Puedes comentarla, añadir más información o hacer una pregunta. Si no se te ocurre ningún comentario, apunta otra idea.

Luego la hoja vuelve a rodar, etc. ¡Mientras el carrusel ruede, está prohibido hablar!

Webcode: MS162840-017

→ Murmelgespräch/*Colmena*

Ziel der Methode
Ziele der Methode sind
- eine höhere Einbindung aller Schülerinnen und Schüler,
- der Abbau von Sprechhemmungen,
- die Ermöglichung qualitativ besserer Arbeitsergebnisse.

Einsatzmöglichkeiten
Die Methode ist geeignet
- für jeden Arbeitsauftrag oder Impuls, im Rahmen dessen ein Beitrag über Satzlänge erwartet wird,
- in allen Klassen/Stufen.

Vorbereitung
keine

Sozialform
Partnerarbeit

Stufe
Sek. I und Sek. II

Beschreibung
Das „Murmelgespräch" (zuweilen auch als „Bienenkorb" bezeichnet) ist ein kooperatives Arbeitsverfahren nach dem *Think-Pair-Share*-Prinzip, mit dem Sprechhemmungen abgebaut und dem Lernstand angemessene Plenumsbeiträge (gerade auch von schwächeren Schülerinnen und Schülern) erreicht werden können.

Nachdem die Schülerinnen und Schüler sich zunächst in Einzelarbeit mit einem Arbeitsauftrag beschäftigt haben *(think/pensar)*, stellen sie sich in einer Murmelphase, also halblaut miteinander sprechend, ihre Ergebnisse vor, vergleichen und kommentieren, stellen Nachfragen, ergänzen etc. *(pair/hablar)*. Sie verbessern so ihr Ergebnis und gewinnen Sicherheit für den Vortrag im Plenum *(share/compartir)*.

Tipps Das Murmelgespräch trägt sehr zu einem positiven Lernklima und zur qualitativen Verbesserung der Unterrichtsergebnisse bei, wenn es grundsätzlich jedem Unterrichtsgespräch im Plenum vorgeschaltet wird.

→ Museumsgang/*Galería*

Ziel der Methode
Ziele der Methode sind
- die Schulung der Präsentationskompetenz,
- die Würdigung von Arbeitsergebnissen,
- die sprachliche Aktivierung aller Schülerinnen und Schüler.

Einsatzmöglichkeiten
Die Methode ist geeignet zur Präsentation von Arbeitsergebnissen, die zuvor in Gruppenarbeit erstellt wurden.

Vorbereitung
Die Lehrkraft muss ggf. einen Beobachtungsbogen für die Zuhörer und ggf. Redemittel zur Präsentation von Ergebnissen bereitstellen.

Sozialform	*Stufe*
Gruppenarbeit	Sek. I und Sek. II

Beschreibung
Ein „Museumsgang" ermöglicht es, Arbeitsergebnisse aus Gruppenarbeiten so auszustellen und zu präsentieren, dass alle Schülerinnen und Schüler mindestens einmal in die Rolle des Präsentators schlüpfen.

Die Schülerinnen und Schüler arbeiten zunächst in Gruppen und halten ihr Ergebnis auf einem Lernplakat fest. Im folgenden Beispiel gibt es vier Gruppen mit je drei Mitgliedern, die jeweils ein Lernplakat o. Ä. erstellen:

Plakat 1	Plakat 2	Plakat 3	Plakat 4
1	1	1	1
2	2	2	2
3	3	3	3

Nach Abschluss der Arbeitsphase werden die Plakate im Klassenraum möglichst weit voneinander entfernt ausgehängt und es werden neue Gruppen gebildet, die sich aus jeweils einem Mitglied aus allen Ursprungsgruppen zusammensetzen. In unserem Beispiel werden also drei neue Gruppen mit jeweils vier Mitgliedern gebildet.

Plakat 1		Plakat 2		Plakat 3		Plakat 4
1	→	2	→	3	→	
1		2		3		
1		2		3		
1		2		3		

Die neuen Gruppen gehen nun von Lernplakat zu Lernplakat, ganz so, als besuchten sie eine Ausstellung. An jeder Station stellt das Gruppenmitglied, das bei der Gestaltung des Plakats mitgewirkt hat, das Ergebnis vor. Die Zuhörer machen sich – je nach Arbeitsauftrag – auf einem Beobachtungsbogen Notizen.

Tipps
- Das Verfahren eignet sich zur Präsentation von Ergebnissen aus arbeitsgleicher und arbeitsteiliger Gruppenarbeit. Werden arbeitsgleiche Ergebnisse präsentiert, so ist die Hauptfunktion die Würdigung aller Produkte und der Abgleich bzw. die Anreicherung der Resultate.
- Damit ein „Museumsgang" gelingt, muss die Lehrkraft die Einteilung der Gruppen genau planen. Im Idealfall hat man genauso viele Gruppenmitglieder wie Arbeitsgruppen, also z. B. fünf Gruppen mit je fünf Mitgliedern. Wenn diese Rechnung nicht aufgeht, muss darauf geachtet werden, dass die Zahl der Ursprungsgruppen größer ist als die der Präsentationsgruppen. (Das bedeutet immer auch, dass die Ursprungsgruppen weniger Mitglieder haben als die Präsentationsgruppen und dass während der Präsentationsphase freie Stationen entstehen, ganz so wie im obigen Beispiel.)
- Wenn es ebenso viele Präsentationsgruppen wie Plakate gibt, sollte die Lehrkraft für den Wechsel einen Zeittakt vorgeben. Ansonsten können die einzelnen Gruppen ihren Zeittakt selbst bestimmen, da es immer freie Stationen gibt, die aufgesucht werden können.
- Es ist sinnvoll, dass die Schülerinnen und Schüler die Vorstellung der Arbeitsergebnisse in den Ursprungsgruppen einüben. Dazu kann die Lehrkraft Redemittel bereitstellen oder z. B. die Schablone des „Ein-Minuten-Vortrags" (S. 21) austeilen.

Tipps
- Wichtig ist zudem, dass die Lehrkraft am Ende der Arbeitsphase ihre Zeit zur Zwischensicherung nutzt, d. h., die Ergebnisse der Gruppenarbeit sprachlich (und ggf. auch inhaltlich) prüft und korrigiert. Denn wenn die Arbeitsergebnisse sich z. B. durch kommunikationshemmende sprachliche Mängel oder inhaltliche Schnitzer nicht zur Präsentation eignen bzw. keinen verwertbaren Lernfortschritt ermöglichen, wird ein „Museumsgang" in der Präsentationsphase scheitern.

Variante **Wandzeitung/*Periódico mural*:** Werden alle Ergebnisse im Anschluss an den „Museumsgang" am selben Ort, z. B. an der Pinnwand des Klassen- oder Kursraumes, für einen längeren Zeitraum ausgehängt, spricht man von einer „Wandzeitung". Auf sie kann im weiteren Verlauf der Unterrichtsreihe immer wieder Bezug genommen werden.

Ausstellung durch die Lehrkraft/*Exposición profesional*: Der „Museumsgang" eignet sich auch zur Präsentation eines neuen Themas durch die Lehrkraft, die die Plakate vorbereitet und im Klassenraum aushängt. Die Schülerinnen und Schüler erhalten einen Laufzettel mit Arbeitsaufträgen und gehen von Plakat zu Plakat, um sich über das neue Thema zu informieren. Ein „Museumsgang" in dieser Form ist im Grunde ein vereinfachtes „Stationenlernen" (S. 60).

Material/Kopiervorlage
Folienvorlage zur Einführung der Methode

Dar un paseo por la galería

Primer paso: Trabajad en grupos de ___ alumnos. Dentro de los grupos, cada miembro recibe un número (1, 2, 3 …). Confeccionad un cartel con los resultados de vuestro trabajo. Ojo: Es esencial que cada miembro del grupo sepa exponer los resultados, ya que todos tendrán que hablar en la siguiente fase.

Cartel 1	Cartel 2	Cartel 3	Cartel 4
1	1	1	1
2	2	2	2
3	3	3	3

Segundo paso: Formad nuevos grupos según los números que tenéis. Cada grupo se pone delante de un cartel. El miembro del grupo que ha trabajado en el cartel lo presenta. (Los demás toman nota en su ficha.)

Cartel 1		Cartel 2		Cartel 3		Cartel 4
1	→	2	→	3	→	
1		2		3		
1		2		3		
1		2		3		

Tercer paso: Después id circulando hasta que todos los carteles hayan sido presentados.

Webcode: MS162840-018

→ Stationenlernen/*Aprendizaje en etapas*

Ziel der Methode
Ziel der Methode ist die eigenständige Erarbeitung von Inhalten bzw. das eigenständige Üben und Wiederholen.

Einsatzmöglichkeiten
Ein „Stationenlernen" kann eingesetzt werden
- zur Erarbeitung von Grundlagenwissen zu einem Thema,
- als Übungszirkel zu sprachlichen Strukturen.

Vorbereitung
Die Lehrkraft muss
- das zu erarbeitende Thema in etwa gleich große Teilbereiche unterteilen,
- zu jedem Teilbereich eine „Lernstation" einrichten (in der Regel ein didaktisch aufbereitetes Arbeitsblatt mit Lösungsvorschlägen auf einem separaten Blatt),
- einen Laufzettel mit Arbeitsaufträgen und ggf. weiteren Angaben zu den Stationen anlegen.

Sozialform
Einzelarbeit/ggf. auch Partnerarbeit

Stufe
Sek. I und Sek. II

Beschreibung
Beim „Stationenlernen" – oft auch „Lernzirkel" genannt – wird ein von der Lehrkraft in Teilbereiche unterteiltes Thema an verschiedenen Positionen im Klassenraum, den „Lernstationen" (span. *estaciones* oder *talleres*), mit didaktisch aufbereitetem Arbeitsmaterial und Aufgabenstellungen präsentiert. Dieser Parcours umfasst in der Regel Pflicht- und Wahlstationen, die zur Erarbeitung eines Themas oder zum Üben und Wiederholen sprachlicher Strukturen (z. B. der zuletzt behandelten drei Lehrwerkslektionen) dienen. Die Schülerinnen und Schüler haben Entscheidungsmöglichkeiten hinsichtlich des Besuchs der Wahlstationen, der Zeiteinteilung und der Reihenfolge der Bearbeitung. Sie kontrollieren selbstständig ihre Ergebnisse anhand ausliegender Lösungsvorschläge.

Orientierung im Parcours bietet ein Laufzettel, der die Arbeitsaufträge zu allen Stationen enthält und der Sicherung dient. Den ausgefüllten Laufzettel nehmen die Schülerinnen und Schüler später mit, wenn die Stationen wieder „abgebaut"

werden. Daher ist es wichtig, dass der Laufzettel sorgfältig geplant und übersichtlich gestaltet wird. Er sollte in der Regel zu jeder Station folgende Angaben enthalten:
- klare Arbeitsaufträge, die mithilfe des ausliegenden Materials eigenständig bearbeitet werden können,
- ausreichend Platz für Notizen unter den Arbeitsaufträgen,
- Angaben zur Sozialform, in der die Arbeitsaufträge erledigt werden sollen (Einzelarbeit, Partnerarbeit). Zur Veranschaulichung sind Symbole gut geeignet, z. B. ♀ = EA, ♀♀ = PA.
- Angaben zur Art der Umsetzung, z. B. ob die Aufgaben mündlich (🗣) oder schriftlich (✏) erledigt werden sollen sowie ob es sich um eine Hörverstehensstation handelt (👂).
- eine Kennzeichnung, ob es sich um eine Wahl- oder Pflichtstation handelt *(estación facultativa/obligatoria)*.

Generell gilt: Mit der Qualität der Materialien steht und fällt der Erfolg eines „Lernzirkels", denn das hohe Maß an Lernerautonomie erfordert, dass das Material gänzlich selbsterklärend ist. Für die Lehrkraft bedeutet dies, dass sie zwar im Unterrichtsgeschehen entlastet ist, dafür aber im Vorfeld viel Zeit in die Materialerstellung und die Formulierung klarer Arbeitsaufträge investieren muss.

Tipps
- Ein an der Tafel befestigter „Abhakzettel" kann Auskunft darüber geben, wer welche Station bereits bearbeitet hat:

	Est. 1 obligatoria	Est. 2 facultativa	Est. 3 obligatoria
Tim	✓	✓	✓
Piet			✓
Finja	✓	✓	
Anna	✓		✓

So erhalten sowohl die Lehrkraft als auch die Schülerinnen und Schüler eine Rückmeldung über das Arbeitstempo. Zudem erhöht sich die Verbindlichkeit deutlich.
- Da ein Stationenlernen sich in der Regel über mehrere Unterrichtsstunden erstreckt, ist es sinnvoll, auch Hörverstehens- und Sprechstationen zu konzipieren, um alle Teilfertigkeiten zu schulen. An einer Lernstation kann ein Hörtext übrigens immer wieder gehört werden, ganz nach individuellem Bedarf.

Tipps
- Tischkarten mit der Nummer der jeweiligen Station erleichtern die Orientierung.
- Lösungsblätter sind besser als solche zu erkennen, wenn sie auf andersfarbigem Papier gedruckt sind.
- Bei großer Teilnehmerzahl können Stationen auch mehrfach angeboten werden.
- In einem Erarbeitungszirkel sollten an den Stationen zweisprachige Wörterbücher ausgelegt werden.
- Bei Übungszirkeln kann es sinnvoll sein, bestimmte Übungen zu laminieren, und zwar immer dann, wenn die Schülerinnen und Schüler auf das ausliegende Arbeitsblatt schreiben sollen (z. B. bei Lückentexten). Die Übung wird mit einem abwaschbaren Folienstift bearbeitet, der danach mit einem feuchten Tuch wieder abgewischt werden kann.

Material/Kopiervorlage
a) Beispiel für eine Lernstation aus einem Erarbeitungszirkel (Sek. II)

[Arbeitsaufträge auf dem Laufzettel zu dieser Station]

Estación 6: La persecución del catalán	OBLIGATORIA

1. Describe la situación del catalán bajo Franco.
2. Resume en una frase la posición del castellano durante la dictadura de Franco.
3. ¿Cómo fue posible que el catalán no se perdiera?

[an der Station ausliegendes Material]

Estación 6: La persecución del catalán

Entre los años 1939 y 1975, durante la dictadura de Franco, la persecución del catalán fue intensa y sistemática.
Se prohibieron la edición de libros, periódicos o revistas, la transmisión de telegramas y las conversaciones telefónicas en catalán. La exhibición de películas era forzosamente en castellano y el teatro se podía representar solamente en esta lengua. Las emisiones de radio y de televisión únicamente podían ser en castellano. La documentación administrativa, notarial, judicial o mercantil era exclusivamente en castellano y la que se realizaba en catalán se consideraba nula. La señalización viaria y la comercial, la publicidad y, en general, toda la imagen exterior del país era en castellano.
Una fuerte inmigración de castellanohablantes del resto de España hizo más difícil aún la situación del catalán en aquella época.
A pesar de todo, la lengua catalana se mantuvo como lengua de transmisión familiar tanto en Cataluña y las Islas Baleares como en el resto de territorios de habla catalana.   (http://fil04.llull.cat/esp/01catalunya/cat_historia.shtm)

[Extrablatt mit Lösungsvorschlägen, liegt verdeckt an der Station]

Estación 6: SOLUCIONES POSIBLES

1. *Había una persecución intensa y sistemática: estaba prohibida publicar libros en catalán, no se podía ver la tele o escuchar la radio en catalán, no había periódicos, toda la imagen exterior de Cataluña era en castellano: la señalización, la publicidad, ... Además muchos castellanohablantes llegaron a Cataluña en aquella época, lo que hizo aún más difícil la situación del catalán.*
2. *El castellano era la lengua dominante y la única lengua oficial.*
3. *El catalán no se perdió ya que se hablaba en las familias, en privado.*

Webcode: MS162840-019

ERARBEITEN UND PRÄSENTIEREN

b) Beispiel für eine Hörstation aus einem Übungszirkel (erstes Lernjahr)

[Arbeitsaufträge auf dem Laufzettel zu dieser Station]

Estación 3: La familia				FACULTATIVA
1. Escucha. ¿Con quién viven estas personas?				
más información:	más información:	más información:	más información:	

[Material an der Station: Kopfhörer, CD-/MP3-Spieler, Hörtext zur Übung S. 13/Nr. 3 aus dem Arbeitsheft zu A_tope.com, Cornelsen Verlag]

[Extrablatt mit Lösungsvorschlägen, liegt verdeckt an der Station]

Estación 3: SOLUCIONES			
Vive con su novia.	Vive con su hija y sus nietos (= los hijos de su hija).	Vive con sus padres, su hermana y su prima.	Vive con tres estudiantes.
más información: es de Salamanca vive en Madrid	más información: tiene 2 nietos (son cuatro)	más información: su hermana tiene 16 años su prima es de Cuba	más información: es estudiante vive cerca de la universidad

Webcode: MS162840-020

→ Stummes Schreibgespräch/*Discusión silenciosa*

Ziel der Methode
Ziele der Methode sind
- ein verlangsamter Austausch von Ideen, Gedanken und Meinungen zu einem Thema,
- die Aktivierung aller Schülerinnen und Schüler,
- die Förderung zurückhaltender Schülerinnen und Schüler.

Einsatzmöglichkeiten
Die Methode eignet sich
- zur Ideensammlung beim Einstieg in ein Thema oder zur Vorbereitung einer Textproduktion,
- zur Zusammenschau und Bewertung des erworbenen Wissens bei Abschluss eines Themas,
- zur Stellungnahme zu einem Thema.

Sie ist vor allem für den Einsatz in der Oberstufe zu empfehlen, da die selbstständige Verwendung des Spanischen (mind. Niveau B1) Voraussetzung ist.

Vorbereitung
Die Lehrkraft muss Tapetenbahnen und verschiedenfarbige Edding-Stifte, dicke Filzstifte, Wachsmalstifte oder Ölkreide bereitstellen.

Sozialform
Einzelarbeit, Simultanarbeit

Stufe
Sek. II

Beschreibung
Ein „Stummes Schreibgespräch" verlagert ein eigentlich mündliches und flüchtiges Format – ein Gespräch – ins Schriftliche, ähnlich einem Chat. Es verlangsamt so den Gedankenaustausch, sodass sich auch zurückhaltende Schülerinnen und Schüler einbringen können, und ermöglicht das Festhalten der Ergebnisse für die Weiterarbeit.

Vorbereitung:
Die Lehrkraft stellt Einzeltische zu Reihen zusammen und legt dort je eine Tapetenbahn aus. Darauf sind, über die ganze Bahn verteilt, mehrfach derselbe Impuls oder mehrere Impulse zu einem Thema (Fragen, Schlagworte, Aussagen o. Ä.)

geschrieben, z. B.: *ser joven – ser niño, expectativas de futuro, ir de marcha, ¿tenemos derecho al trabajo?, mi profesión ideal.* Die Anzahl der Tapetenbahnen richtet sich nach der Größe der Lerngruppe, es sollten nicht mehr als acht Lerner an einer Bahn arbeiten.

Erste Schreibphase:
Die Schülerinnen und Schüler äußern sich schriftlich zu dem Impuls bzw. den Impulsen, indem sie Assoziationen, Argumente, Gedanken und Meinungen von ihrem Stehplatz aus auf das Papier bringen. Idealerweise schreibt jeder Schüler in einer eigenen Farbe. Die Phase endet entweder nach einem zuvor festgesetzten Zeitraum, z. B. zehn Minuten, oder wenn der Schreibfluss abebbt.

Zweite Schreibphase:
Die Schülerinnen und Schüler gehen mit ihren Stiften um die Tapetenbahn herum, lesen das Geschriebene, antworten, nehmen Stellung oder ergänzen weitere Aspekte (in ihrer Farbe). Auch Fragen sind möglich. Die zweite Schreibphase sollte ebenfalls befristet sein oder enden, sobald der Schreibfluss merklich abebbt. Das Sprechen ist während beider Schreibphasen nicht erlaubt.

Das Ergebnis kann anschließend zur Weiterarbeit genutzt werden, z. B. als Grundlage und Ausgangspunkt einer Textproduktion, zur Vorbereitung einer mündlichen Diskussion oder einer Präsentation.

Tipps
- Die Schreibphasen können von leiser Hintergrundmusik begleitet werden. Stoppt die Musik, so endet auch die entsprechende Schreibphase.
- Es können während der Schreibphasen durchaus Wörterbücher bereitgestellt werden. Alternativ kann – im Notfall – auch das Notieren deutscher Begriffe erlaubt sein (denn das mitteilungsbezogene Schreiben steht im Vordergrund).
- Während der Schreibphasen kann die Lehrkraft sprachliche Korrekturen vornehmen, deutsche Begriffe ins Spanische übertragen und/oder selbst am Schreibgespräch teilnehmen.

Variante **Kettenbrief/*Cadena de mensajes:*** Bei dieser Variante setzen sich die Schülerinnen und Schüler in Gruppen um einen Tisch herum. Jeder benötigt ein DIN-A4-Blatt, auf dem er oben einen Gedanken oder eine Assoziation zum gegebenen Impuls aufschreibt. Dann reichen alle ihr Blatt nach rechts an ihre Sitznachbarn weiter, die nun schriftlich antworten, ihre Meinung äußern etc. Die Blätter werden so lange im Kreis weitergegeben, bis sie wieder bei ihren Absendern anlangen.

Material/Kopiervorlage
Folienvorlage zur Einführung der Methode

La discusión silenciosa

Fase I: Apunta todo lo que se te pase por la cabeza al leer la tarea: asociaciones, ideas, sentimientos, comentarios, palabras sueltas …

(_____ minutos)

Fase II: Ve caminando alrededor de la mesa, lee lo que han apuntado tus compañeros/-as y comenta lo escrito. Puedes añadir ideas, completar la información, exponer un argumento a favor o en contra, hacer una pregunta o dar tu opinión.

(_____ minutos)

¡Está prohibido hablar durante las dos fases!

Webcode: MS162840-021

→ Förderbögen/*Autoevaluación*

Ziel der Methode
Ziele der Methode sind
- die individuelle Förderung der Schülerinnen und Schüler,
- das sinnvolle Üben.

Einsatzmöglichkeiten
Die Methode kann eingesetzt werden
- ab dem ersten Lernjahr,
- während der gesamten Lehrwerkphase zu jeder Lehrwerklektion,
- zur Vorbereitung auf Klassenarbeiten.

Vorbereitung
Die Lehrkraft muss für jede Lehrwerklektion einen Förderbogen anlegen, sofern das Lehrwerk solche nicht anbietet.

Sozialform	Stufe
Einzelarbeit	Sek. I

Beschreibung
Mit „Förderbögen" in der hier vorgestellten Form kann im Unterricht oder zu Hause sinnvoll und effektiv im Rahmen der Lehrwerkarbeit geübt werden. Die Bögen dienen der individuellen Förderung, d. h., sie ermöglichen es im Idealfall jedem einzelnen Schüler
- seinen Lernstand zu diagnostizieren,
- gezielt Übungen zur Aufarbeitung der Wissenslücken auszuwählen und
- seinen Übungserfolg selbstständig zu überprüfen.

Aufbau der Bögen:
Die Bögen sind in Form einer Tabelle angelegt (vgl. Kopiervorlage) und werden wie ein Tandembogen entlang der Mittellinie gefaltet.
- Als Ordnungsprinzip in **der ersten Spalte** fungieren die kommunikativen Ziele, die in der Lehrwerklektion erreicht werden sollen, also z. B. „das Alter angeben" oder „jemanden vorstellen".
- Diesen Zielen werden in **der zweiten Spalte** sprachliche Mittel zugeordnet, die die Schülerinnen und Schüler zum Erreichen der Ziele beherrschen müssen (und die dementsprechend in der Lehrwerklektion eingeführt oder erweitert werden).

- **Die dritte Spalte** enthält kurze geschlossene Übungsformate zu eben diesen sprachlichen Mitteln (Ergänzungsübungen, Übersetzungen, Konjugationsübungen, Impulse auf Deutsch o. Ä.), deren Lösungen in **der vierten Spalte** (die nach hinten geknickt wird) verzeichnet sind.
- In **der fünften Spalte** findet sich ein Verzeichnis von Übungen (aus dem *Cuaderno de actividades*, aus der Begleitgrammatik, aus dem Pool selbst erstellter Übungen der Lehrkraft etc.), mit denen die jeweiligen sprachlichen Mittel weiter gefestigt und gezielt eingeübt werden können.

Anwendung:
Die Schülerinnen und Schüler knicken den Bogen entlang der Mittellinie, falten die rechte Hälfte (also die Lösungen und das Verzeichnis der Übungen) nach hinten und bearbeiten die Aufgaben der dritten Spalte, z. B. in ihrem Heft oder auf einem Blatt Papier, das sie bündig an die Faltkante des Bogens legen. Danach knicken sie die Lösungen wieder nach vorne, überprüfen ihre Ergebnisse und wählen nach Bedarf Übungen aus dem Verzeichnis der letzten Spalte aus, die sie dann bearbeiten. Abschließend können sie durch erneute Bearbeitung der dritten Spalte ihren Lernfortschritt überprüfen.

Tipps
- Statt dass die rechte Hälfte des Bogens nach hinten gefaltet wird, kann sie auch abgeschnitten werden. Dies verhindert, dass die Schülerinnen und Schüler schon in den Lösungen nachschauen, während sie noch an den Diagnoseübungen arbeiten. Die Verbindlichkeit kann weiter erhöht werden, wenn die Ergebnisse danach von einem Mitschüler mit den (dann auszuteilenden) Lösungen verglichen und korrigiert werden.
- In der letzten Spalte sollten möglichst nur Übungen angeführt werden, bei denen die Schülerinnen und Schüler eigenständig ihre Ergebnisse kontrollieren können, also Übungen, die mit Lösungen gegeben werden (z. B. *Autocontrol*-Übungen oder Tandembögen). Auch die Übungen aus dem *Cuaderno de actividades* können die Schülerinnen und Schüler eigenständig überprüfen, wenn die Lehrkraft die Lehrerfassung oder das Lösungsheftchen des *Cuaderno de actividades* auslegt.
- Idealer Einsatzort von Förderbögen sind die Unterrichtsstunden vor einer Klassenarbeit. Die Schülerinnen und Schüler können so gezielt ihre individuellen Wissenslücken aufarbeiten und gewinnen zugleich Sicherheit durch das Gefühl, sich sinnvoll und effektiv vorzubereiten.

Material/Kopiervorlage
Auszug aus einem Förderbogen zu *A_tope.com* (Cornelsen, 2010), U2

Name: _____ **Datum:** _____

☞	Diese Mittel benötigst du:	Überprüfe deinen Kenntnisstand:	Lösungen	Probleme? Dann übe wie folgt:
über die Familie sprechen	das Wortfeld „Familie" die Possessivbegleiter	**Übersetze:** mein Onkel – deine Tante – seine Geschwister – ihre Kinder – unsere Eltern – eure Cousinen – ihre Cousins – unsere Großmütter – eure Tochter	mi tío – tu tía – <u>sus</u> hermanos – <u>sus</u> hijos – <u>nuestros</u> padres – <u>vuestras</u> primas – <u>sus</u> primos – <u>nuestras</u> abuelas – <u>vuestra</u> hija	Cda 13/3 🎧 Cda 16/9 Cda 17/13 Cda 22/2 GÜN 21/5 ....
das Alter angeben	das Fragepronomen *¿cuántos?* das Verb *tener*	**a) Frage:** Wie alt bist du? – **Antworte:** Ich bin 15 Jahre alt. **b) Konjugiere das Verb *tener*.**	a) ¿Cuán<u>tos</u> años tienes? – Tengo 15 años. b) t<u>en</u>go, t<u>ie</u>nes, t<u>ie</u>ne, tenemos, tenéis, t<u>ie</u>nen	Cda 20/18 GÜN 22/7 GÜN 23/8 ....
eine/n Freund/in vorstellen	die Struktur *Este es ...* bzw. *Esta es ...* das Verb *tener* das Wortfeld „Hobbys"	**Stelle Pilar vor:** Lebt bei ihrer Mutter in Bilbao, 16 Jahre, hat zwei Schwestern (Laura und Pepa), ist Schülerin des Lucía de Medrano Gymnasiums, Hobbys: Schlagzeug, Tanz	<u>Esta</u> es Pilar. Vive con su madre en Bilbao. <u>Tiene 16 años.</u> <u>Tiene</u> dos hermanas, Laura y Pepa. Pilar <u>es alumna del instituto "Lucía de Medrano"</u>. Sus <u>aficiones son la batería</u> (o: <u>tocar la batería</u>) y <u>bailar.</u>	Cda 16/8 Cda 20/18 Tandembogen „Amigos" 👥 ....

Cda = *Cuaderno de actividades* GÜN = Grammatik zum Üben und Nachschlagen
🎧 = Hörübung (du benötigst die Hör-CD deines *Cuaderno de actividades*) 👥 = Partnerübung

Webcode: MS162840-022

→ Kurzumfrage / *Mini encuesta*

ÜBEN

Ziel der Methode
Ziele der Methode sind
- das Einüben der Verbkonjugation in einem kommunikativ sinnvollen Kontext,
- das Üben im Schutzraum.

Einsatzmöglichkeiten
Die Methode eignet sich
- für alle Lernjahre,
- als Übungsform nach der Einführung eines neuen Tempus.

Vorbereitung
Die Lehrkraft muss das Arbeitsblatt mit der Kurzumfrage anlegen.

Sozialform	*Stufe*
Simultanarbeit	Sek. I und Sek. II

Beschreibung
„Kurzumfragen" stellen einen kommunikativ sinnvollen Rahmen zum Training der Verbkonjugation dar, denn sie beziehen sich in aller Regel auf konkrete Tätigkeiten der Schülerinnen und Schüler vor oder nach dem Unterricht, also z. B.:
- ¿Qué <u>vas a hacer</u> hoy después de las clases?

Die Schülerinnen und Schüler erhalten dazu ein Arbeitsblatt (s. Kopiervorlage), auf dem verschiedene Optionen im Infinitiv notiert sind (z. B. *hacer los deberes, leer un buen libro*), die durch Ankreuzen gekennzeichnet werden können.

Nun markieren die Schülerinnen und Schüler ihre eigenen Aktivitäten (Spalte *tú*), fragen dann verschiedene Klassenkameraden und kreuzen deren Antworten wiederum auf ihrem Arbeitsblatt an. Es entsteht so eine kurze Phase, in der sich alle Lernenden im Klassenraum mit wechselnden Partnern ausschließlich auf Spanisch unterhalten und dabei die Verben in der ersten und zweiten Person Singular verwenden: ¿Qué <u>vas a hacer</u> después de las clases? – <u>Voy a hacer</u> los deberes y después <u>voy a ver</u> un poco la televisión. ¿Y tú, ¿qué <u>vas a hacer</u>? – Pues yo …

ÜBEN

Danach stellen die Schülerinnen und Schüler sich in Partnerarbeit die Ergebnisse ihrer Umfrage vor und verwenden so auch andere grammatische Personen: *Claudia y yo <u>vamos a ir</u> al cine. Moritz <u>va a estudiar</u> para un examen. Ben y Marie <u>van a hacer</u> deporte.*

Dieses Verfahren kann zur Übung fast aller Tempora, z. B. des *pretérito indefinido* (*¿Qué hiciste ayer?*), des *futuro simple* (*¿Qué harás la semana que viene?*), des *pretérito perfecto* (*¿Qué ya has hecho hoy?*) sowie der Modalverben (*¿Qué quieres/tienes que/piensas etc. hacer esta tarde?*) eingesetzt werden, wobei die anzukreuzenden Optionen ggf. an das jeweilige Thema angepasst werden müssen.

> **Tipps** „Kurzumfragen" können durchaus mehrfach, z. B. zu Beginn aufeinanderfolgender Unterrichtsstunden, angewandt werden, da Fragen wie *¿Qué hiciste ayer?* oder *¿Qué vas a hacer hoy después de las clases?* stets wieder kommunikativ sinnvoll sind.

Material/Kopiervorlage
„Kurzumfrage" zur Übung des *futuro inmediato*

Name: _____ **Datum:** _____

1. ¿Qué vas a hacer hoy después de las clases? Marca ☒ tus casillas y luego haz la encuesta. Habla con cuatro compañeros de clase.

	tú	___	___	___	___
hacer los deberes	O	O	O	O	O
leer un libro	O	O	O	O	O
estudiar para un examen	O	O	O	O	O
hacer deporte	O	O	O	O	O
buscar información en Internet	O	O	O	O	O
hablar con un/a profesor/a	O	O	O	O	O
jugar al vídeo	O	O	O	O	O
ir al cine	O	O	O	O	O
ver la televisión	O	O	O	O	O
terminar un proyecto	O	O	O	O	O
quedar con mis amigos	O	O	O	O	O

2. Presenta los resultados de tu encuesta a un/a compañero/-a.

Webcode: MS162840-023

© 2014 Cornelsen Schulverlage GmbH, Berlin. Alle Rechte vorbehalten.

→ Mündliches Strukturtraining/*Ejercicios estructurales orales*

Ziel der Methode
Ziele der Methode sind
- das intensive Einüben sprachlicher Grundmuster,
- die Aktivierung aller Schülerinnen und Schüler,
- das Üben im Schutzraum.

Einsatzmöglichkeiten
Die Methode ist geeignet
- für die Spracherwerbsphase,
- für Struktur-/Einschleifübungen (insbesondere Übungen zur Verbkonjugation und Übungen mit sich wiederholendem Frage-Antwort-Muster).

Vorbereitung
Die Lehrkraft muss die durchzuführende Übung mit Lösungen versehen und auf eine OHP-Folie kopieren.

Sozialform	Stufe
Partnerarbeit	Sek. I

Beschreibung
Strukturübungen wie z. B. Frage-Antwort-Muster, in denen jeweils nur ein kleines Phänomen zu verändern ist, können die Schülerinnen und Schüler mündlich in Partnerarbeit erledigen und sich zugleich gegenseitig korrigieren, wenn der OHP eingesetzt wird. Dazu werden die Impulse der Übung mit ihren Lösungen an die Wand projiziert. Die Schülerinnen und Schüler sitzen im Klassenraum paarweise so, dass jeweils nur einer der beiden die Projektionsfläche sehen kann. Dieser trägt seinem Partner nun die Impulse vor, überprüft die Antworten seines Gegenübers anhand der Lösungen auf der Projektionsfläche und korrigiert sie, falls nötig. So kann z. B. der Gebrauch der direkten Objektpronomen eingeübt werden:

Preguntas	Soluciones posibles
¿Has hecho la cama esta mañana?	Sí, **la** he hecho. No, no **la** he hecho.
¿Has cogido el autobús para venir al instituto?	Sí, **lo** he cogido. No, no **lo** cogido.
¿Has hecho los deberes de inglés?	Sí, **los** he hecho. No, no **los** he hecho.
...	...

Im folgenden Beispiel werden regelmäßige Verben im *pretérito indefinido* gebildet:

Preguntas	Soluciones posibles
¿Cuándo bailaste por última vez?	**Bailé** por última vez [ayer/el otro día/el mes pasado/...]
¿Cuándo comiste pescado por última vez?	**Comí** pescado por última vez [...]
¿Cuándo escribiste una carta a mano por última vez?	**Escribí** una carta a mano por última vez [...]
...	...

Nach einem Durchgang werden die Plätze gewechselt und die Übung wird mit vertauschten Rollen erneut durchgeführt.

Tipps Sehr gut eignet sich die Methode auch zum Einschleifen von Konjugationsschemata. Das Schema wird dazu an die Wand geworfen und der Schüler, der die Projektionsfläche sehen kann, gibt seinem Gegenüber das Verb und eine Zeitform vor, z. B. *Conjuga el verbo poner en el presente*. Er kontrolliert dann seinen Mitschüler, der das Verb entsprechend durchkonjugiert.

→ Tandembögen/*Hojas tándem*

Ziel der Methode
Ziele der Methode sind
- das nachhaltige Einüben sprachlicher Strukturen und kommunikativer Grundsituationen,
- eine Erhöhung der Übungsintensität,
- das Üben im Schutzraum.

Einsatzmöglichkeiten
Die Methode ist geeignet
- für alle Lernjahre,
- für (eher) geschlossene Übungstypen.

Vorbereitung
Die Lehrkraft muss
- den Tandembogen konzipieren (d. h. ihn selbst anlegen oder vorhandene Übungen des Lehrwerks in diese Form umwandeln),
- den Tandembogen mindestens in halber Klassenstärke kopieren, sodass immer zwei Schülerinnen und Schüler einen Bogen zusammen bearbeiten können.

Sozialform	Stufe
Partnerarbeit	Sek. I und Sek. II

Beschreibung
Ein „Tandembogen" ist eine als zweispaltige Tabelle gestaltete sprachliche Übung auf einem Arbeitsblatt, das die Schülerinnen und Schüler längs der Mittellinie falten und zu zweit zwischen sich halten. Dann ergänzen sie abwechselnd Sätze, reagieren auf Fragestimuli oder realisieren einfache Sprechakte. Dabei hat der Tandempartner auf seiner Seite des Bogens jeweils die Lösung vor Augen und hilft bei Bedarf als „Experte".

Bedingung für das Gelingen dieses Verfahren ist es, dass der Experte selbstständig die Äußerungen seines Gegenübers berichten kann, es also für jeden Impuls eine relativ eindeutige Lösung gibt; daher kommt das Üben mit „Tandembögen" vor allem für geschlossene Übungsarrangements infrage. Die folgenden

Beispiele sollen dies verdeutlichen; sie weisen eine Progression von einer Einschleifübung bis hin zu einer Simulation mitteilungsbezogener Sprechakte auf:

a) Einschleifübung zur Bildung des *imperfecto de subjuntivo*

Expresad deseos utilizando *ojalá* + *imperfecto de subjuntivo*	
1. no **ser** hoy lunes	1. ¡Ojalá no *fuera* hoy lunes!
2. ¡Ojalá *hiciera* sol!	2. **hacer** sol
3. (nosotros) **estar** en la playa	3. ¡Ojalá *estuviéramos* en la playa!
4. ...	4. ...

b) Ergänzungsübung mit Kontext zum Training des *condicional*

Un día sin inmigrantes. Poned los verbos en el *condicional simple*	
¿Cómo *(ser)* un día sin inmigrantes en una ciudad como Madrid?	¿Cómo *sería* un día sin inmigrantes en una ciudad como Madrid?
Por la madrugada, en los mercados, no *habría* suficiente mano de obra para repartir la fruta y el pescado.	Por la madrugada, en los mercados, no *(haber)* suficiente mano de obra para repartir la fruta y el pescado.
Poco después, la construcción y las obras en la calle *(paralizarse)*.	Poco después, la construcción y las obras en la calle se *paralizarían*.
....	...

c) bildgesteuerte Reaktion auf Fragen

¿Qué tiempo hace ...	
... en Madrid en verano? *Hace buen tiempo.*	
(a veces)	**... en Sevilla en otoño?** *A veces hay tormentas.*
... en Salamanca en invierno? *Nieva y hace frío.*	
....	...

d) Umformungsübung zur Bildung des Irrealis der Gegenwart

Transformad las frases en oraciones condicionales.	
1. No compro el regalo porque no tengo dinero.	1. *Si tuviera* dinero, *compraría* el regalo.
2. *Si entendiera* su idioma, *hablaría* con él.	**2. No hablo con él porque no entiendo su idioma.**
3. No bebo nada porque tengo que ir en coche a casa.	3. *Si no tuviera* que ir en coche a casa, *bebería* algo.
4. ...	4. ...

e) Realisierung „echter" Sprechakte: *Empezar una conversación*

Du begrüßt dein Gegenüber.	¡Hola!
¡Hola! ¿Cómo te llamas?	**Du grüßt zurück und fragst dein Gegenüber, wie er/sie heiße.**
Du sagst, wie du heißt und fragst ebenfalls nach dem Namen.	Me llamo/Soy [x]. ¿Y tú, cómo te llamas?
Me llamo/Soy Juan. Oye, ¿qué tal la fiesta?	**Du sagst, du seist Juan. Dann fragst du dein Gegenüber, wie er/sie die Party finde.**
Die Party findest du phänomenal!	¡(La fiesta es) fenomenal!
....	...

Mit einem „Tandembogen" arbeiten alle Paare in ihrem eigenen Tempo. Wenn ein Durchgang erledigt ist, dreht das Paar den Bogen herum und bearbeitet ihn mit vertauschten Rollen. Grundsätzlich gilt: Eine Tandemphase endet für die Schülerinnen und Schüler nicht, wenn sie den ersten Durchgang durchlaufen haben, sondern erst, wenn die Lehrkraft die Phase beendet. Schnellere Paare sind zu diesem Zeitpunkt in der Regel schon in der dritten oder vierten „Runde" (Binnendifferenzierung nach dem Prinzip der Akzeleration). Die Übungsintensität und der sprachliche Umsatz sind so deutlich höher als beim schriftlichen Üben.

Tipps
- Ein „Tandembogen" sollte nicht mit Hürden (also dem schwierigsten Verb oder einer komplizierten Umformung) beginnen. Es gilt bei der Anlage das Prinzip der Progression, d. h. vom Leichten zum Schweren, von der Regel zur Ausnahme.
- Es ist sinnvoll, „Tandembögen" immer nach demselben Prinzip anzulegen, z. B. mit Beginn oben links und einer grauen Unterlegung für den Übenden sowie einer weißen Unterlegung für den „Experten". So ist idealerweise durch die Farbgebung der Tabellenzellen zu erkennen, wer gerade an der Reihe ist. Die zu bildende Struktur sollte in der Lösung gekennzeichnet werden, z. B. durch Unterstreichung oder Kursivierung.
- Empfehlenswert ist es, unten auf dem Bogen Hinweise zu verzeichnen, wie man sich auf Spanisch gegenseitig korrigieren kann, z. B.: *Ojo, esta forma no es correcta/Inténtalo otra vez/Repite la frase, por favor etc.*
- Diese Übungsform eignet sich gut zum Üben zu Hause bzw. außerhalb des Unterrichts (z. B. mit Eltern, Geschwistern, Freunden oder auch alleine, da man sich durch ein Herumdrehen des Bogens selbst kontrollieren kann). Daher ist es von Vorteil, wenn jeder Schüler eine Kopie erhält, auch wenn zu zweit damit gearbeitet wird.

Das folgende Verzeichnis umfasst alle in diesem Band erwähnten Methoden, sei es als Haupteintrag oder als Variante eines Haupteintrags, sowohl mit ihren deutschen als auch ihren spanischen Namen.

Aprendizaje en etapas 60
Aufschauendes Lesen
   Siehe Lese-Aufschau-Technik
Ausstellung durch die Lehrkraft .. 58
Auswischtechnik 14
Autoevaluación 68
Automatisches Schreiben 47
Bienenkorb
   Siehe Murmelgespräch
Blitzlicht 50
Borrador 14
Cadena de mensajes 67
Camina-para-pares 31
Carrusel escrito 52
Charla de dos/tres/cuatro
   minutos 20
Charla de un minuto 19
Chorlesen
   Siehe Echolesen
Chuleta 23
Cloze-Technik 13
Colmena 55
Conversación libre 25
Corrección a la inversa 44
Corrección en cadena 38
Corrección mutua de textos 36
Corrección pública 40
Debate 32
Discusión silenciosa 65

Drei-Minuten-Gespräch 25
Echolesen 9
Ein-Minuten-Vortrag 19
Ejercicios estructurales orales 73
Escritura automática 47
Exposición profesional 58
Fichas de comunicación 24
Fichas gramaticales 25
Flash 50
Fließbandkorrektur 38
Förderbögen 68
Galería 56
Grammatische Übungskärtchen .. 25
Hojas tándem 75
Ideenstern 52
Karusselldiskussion
   Siehe Kugellager
Kettenbrief 67
Klausurbogentechnik 22
Kniff mit dem Knick
   Siehe Klausurbogentechnik
Kommunikationskärtchen 24
Korrekturlesen 36
Korrektur über OHP 40
Kugellager 28
Kurzumfrage 71
Lectura cooperativa 17
Lectura en tres fases 15
Lectura fragmentada 13

79

INDEX

Lectura simultánea 10
Leer a coro 9
Leer-mirar-hablar 11
Lernzirkel 60
Lese-Aufschau-Technik 11
Lesegemurmel 10
Lesemosaik 13
Lesen in drei Durchgängen ... 15
Mantelito 53
Mercado 31
Mesa redonda 33
Mini encuesta 71
Mündliches Strukturtraining .. 73
Murmelgespräch 55
Museumsgang 56
Omniumkontakt 31
Partnerlesen 17
Periódico mural 58
Platzdeckchen 53
Podiumsdiskussion 33
Power-Lesen
   Siehe Echolesen
Pro-Kontra-Diskussion 32
Read-and-look-up-Technik
   Siehe Lese-Aufschau-Technik
Redacción cooperativa 41
Redaktionskonferenz 41
Rendezvous-System 6
Reproducción inmediata 10
Reunión de autores 42
Rückwärtskorrektur 44
Satzanfänge
   Siehe Blitzlicht

Schattenlesen 10
Schreibkonferenz 42
Skriptkooperation
   Siehe Partnerlesen
Stationenlernen 60
Stichwortzettel 23
Stummes Schreibgespräch 65
Tandembögen 75
Técnica de cloze 13
Técnica del pliego doblado .. 22
Textkarussell
   Siehe Fließbandkorrektur
Think-Pair-Share
   Siehe Murmelgespräch
Tiovivo 28
Uhrzeitpartner-Methode
   Siehe Rendezvous-System
Wandzeitung 58